Thomas Franke

**Mike Mampf
und die mongolischen Rennmäuse**

12 tierische Kurzgeschichten

Über den Autor

Thomas Franke wurde am 17.11.1970 geboren. Gemeinsam mit seiner Frau Anne und seinem Sohn Matthes lebt er in Berlin. Von Beruf ist er Dipl.-Sozialpädagoge und bei einem sozialen Träger für Menschen mit Behinderung tätig. Er gehört der Evangelisch-Freikirchlichen Gemeinde Berlin-Schöneberg an.

Thomas Franke

Mike Mampf und die mongolischen Rennmäuse

12 tierische Kurzgeschichten

© 2009 Gerth Medien GmbH, Asslar,
in der Verlagsgruppe Random House GmbH, München

1. Auflage 2009
Bestell-Nr. 816 430
ISBN 978-3-86591-430-9

Umschlaggestaltung: Rainer E. Rühl
Satz: Mirjam Kocherscheidt; Gerth Medien GmbH
Druck und Verarbeitung: CPI Morawia

Inhalt

Dank 7

Mike Mampf
und die mongolischen Rennmäuse . . 9

Die Königskinder und der fiese Popo . 26

Rudis Kapuzinerkressenallergie
und die größte Party aller Zeiten . . . 41

Riesendurst statt Zebrawurst 53

Enno und der lebensgefährliche
Lebensrettungsplan 72

Der Zirkusdirektor
und die affige Abstimmung 92

Micha und die schuppige Schurkin . . 103

Mannis rollende Restschuldsammlung 124

Onkel Benedikts Vermächtnis 144

Die Verwandlung
oder Rolfs Parodontose 162

Golda von Guckenheim
und der schwarze Fleck 174

Weißer Dingsbums, knurrendes Moos
und der bissige hübsche Zierrand . . 185

Dank

Anne und Matthes, danke für all das, was ihr für mich seid, ihr bereichert mein Leben auf unglaublich vielfältige Weise.

Tina, ich glaube, du hast alles gelesen, was ich je als Autor geschrieben habe. Allein das verdient allergrößte Anerkennung (und in dem einen oder anderen Fall auch ein bisschen Mitleid). Vielen Dank für Deine stets wertschätzende und konstruktive Kritik.

Mein Dank gilt auch meiner Mutter Ursula Franke fürs Korrekturlesen und das mutmachende Feedback, Nicole Abel für die kostenlose und kundige Schwäbisch-Fortbildung, Johannes Leuchtmann für alle Ermutigung und Wertschätzung sowie meiner Lektorin Mirjam Kocherscheidt für die prima Zusammenarbeit und Ennos Überleben.

Mike Mampf und die mongolischen Rennmäuse

Der Schlamassel begann an einem wunderbaren sonnigen Sommermorgen, und er sah erst überhaupt nicht nach Schlamassel aus, sondern sehr lecker.

Mike Mampf und Merle Mäusespeck, zwei gut gelaunte, aber stets hungrige Mäuse, spazierten auf der Suche nach ihrem zweiten Frühstück über eine Wiese ganz in der Nähe ihres Heimatwaldes und unterhielten sich über ihre Lieblingsessen.

„Also, ich mag ja sehr gerne Mais auf Eis und darüber eine halbe Nussschale sonnengewärmten Süßkirschenmatsch." Merle rieb sich ihr Bäuchlein. „Das schmeckt so erfrischend!"

„Klingt nicht schlecht", meinte Mike. „Ich hab's ja lieber etwas deftiger: Körnergeschnetzeltes mit frischem Mehlwurm zum Beispiel."

„Und was hältst du von zerquetschter Walnuss mit Butterblumenblättern?", fragte Merle.

„Gar nicht übel, aber ..." Mitten im Satz stockte Mike plötzlich. Seine Augen wurden ganz groß und sein Unterkiefer klappte runter. Dann säuselte er mit verzückter Stimme: „... aber nichts geht über frische Weizenkörner!"

Auch Merle war stehen geblieben und starrte mit offenem Mund auf das sonnengelbe Feld mit feinstem, köstlich duftenden Weizen.

Mit glasigen Augen folgten die beiden jeder kleinsten Bewegung der prall gefüllten Ähren, die im Sommerwind sanft hin und her wogten.

„Das ... muss das Paradies sein!", murmelte Mike mit leicht sabbernder Stimme. Die Spucke rann zwischen seinen Nagezähnen hindurch und platschte in dicken Tropfen auf den Boden.

Nach einem verzückten Moment des Schweigens bemerkte Merle etwas ernüchtert: „Es ist aber nicht das Paradies. Es ist nur das Vorratsfeld des Vereins zur Rettung unserer hungernden Nachbarn im Osten."

„Häh?", machte Mike.

„Lies einfach das Schild da", empfahl Merle.

„Oh." Erst jetzt bemerkte Mike das in den Boden gerammte Blatt, auf dem in dicken roten Buchstaben stand:

Dank großzügiger Spenden konnte der Verein zur Rettung unserer hungernden Nachbarn im Osten dieses Vorratsfeld anlegen. Es ist vor allem für die hungernden mongolischen Rennmäuse in den öden Steppen Asiens bestimmt.

Gez. Maximilian Machmal, Vereinsvorsitzender

„Hungernde mongolische Rennmäuse ... So ein Quatsch", brummte Mike. „Wenn die noch rennen können, kann es denen ja nicht so schlecht gehen."

Merle runzelte die Stirn. „So kann man das natürlich auch sehen."

Beide starrten auf die köstlichen, duftenden Weizenähren.

„Sag mal, mein Mauseloch liegt doch von hier aus gesehen im Osten, oder?", fragte Mike.

„Na ja, nicht wirklich", meinte Merle und schluckte geräuschvoll eine Mausebacke voll Spucke hinunter.

Mike konnte seine Augen nicht von den prall gefüllten Weizenähren lassen, die im lauen Wind schwankten. Fast glaubte er, sie leise vor sich hin säuseln zu hören:

*Wir sind so lecker,
woll'n nicht zum Bäcker
und auch nicht verreisen.
Ihr dürft uns verspeisen!*

... aber möglicherweise irrte er sich auch.

Nach einigen Momenten des Schweigens meinte er schließlich beiläufig: „Ich glaube, ich habe mongolische Vorfahren ... Wenn mich nicht alles täuscht, erwähnte meine Urgroßmutter väterlicherseits mal so etwas ..." Er schielte zu Merle hinüber und ergänzte: „Wenn du genau hinguckst, kannst du sehen, dass ich ein bisschen mandelförmige mongolische Augen habe."

„Klar", erwiderte Merle nach einem kurzen Seitenblick. „Du meinst sicher die berühmten Kugelmandeln."

„Sehr witzig", grummelte Mike.

Merle seufzte: „Vergiss es, wir können uns hier nicht einfach bedienen. Das wäre Diebstahl." Bedauernd wandte sie sich ab. „Komm, lass uns gehen."

Mike starrte auf die Ähren. „Oh", sagte er plötzlich und patschte sich mit der Pfote gegen die Stirn. „Mir fällt gerade ein, dass ich meinen Onkel Manfred noch besuchen wollte."

„Du hast einen Onkel Manfred?", fragte Merle. „Das wusste ich gar nicht."

„Ja, äh ... der ist so ein Eigenbrötler und lebt dort drüben." Er wies in die entgegengesetzte Richtung.

„Aha, und warum besuchst du ihn auf einmal?", fragte Merle.

„Äh, weil ... weil er Geburtstag hat", sagte Mike hastig. „Ich muss jetzt los. Tschüss!"

„Aber hast du denn überhaupt ein Geburtstagsgeschenk?", fragte Merle verwundert.

„Brauch ich nicht ... Onkel Manfred ... ist allergisch gegen Geschenke", erwiderte Mike. „Ich muss mich jetzt aber wirklich beeilen. Sonst komme ich zu spät. Mach's gut, Merle." Hastig trippelte er davon.

„Allergisch gegen Geschenke? Der Arme!", hörte er Merle noch hinter sich murmeln. Dann rief sie: „Tschüss, Mike."

Mike hastete weiter und versteckte sich an der nächsten Kurve im Gebüsch. Vorsichtig kroch er zurück und lugte unter dichten

Blättern hindurch nach Merle. „Weg isse", murmelte er gleich darauf zufrieden. „War ja schwierig genug." Er richtete sich auf, klopfte sich den Staub aus dem Fell und brummte: „So, wenn mich nicht alles täuscht, nähere ich mich dem Feld jetzt von Osten her. Außerdem habe ich Hunger. Und da die Ähren für hungernde Mäuse aus dem Osten sind, kann sich eigentlich keiner beschweren, wenn ich mir einen Happen genehmige."

Natürlich wusste Mike, dass er gerade ziemlichen Quatsch erzählte. Aber so machen das Mäuse eben, wenn sie ihr schlechtes Gewissen verdrängen wollen. (Menschen geht es da übrigens nicht so viel anders.)

Mike hatte sich gerade geschickt an einem Halm hinaufgehangelt und mit der linken Pfote ein geradezu perfekt aussehendes, köstlich riechendes Weizenkorn gepflückt, als er von unten ein leises Räuspern vernahm. Vor Schreck glitt ihm das Korn aus der Hand, und beinahe wäre er selbst noch mit abgerutscht.

„Entschuldigen Sie, junger Mann", vernahm er die quäkende Stimme von Marina Mausepups. „Was machen Sie da eigentlich?" Vorwurfsvoll schaute die ältere Mäusedame über ihre Brille hinweg zu ihm auf.

„Ich? Äh ... na ja, ich kletter jetzt mal runter." Auf der Suche nach einer eleganten Ausrede fing Mikes Hirn an zu rattern. Es kam zu dem Schluss, dass es besser wäre zu lügen, als seinen Diebstahl zuzugeben.

„Ach, Sie sind das, Herr Mampf." Marina Mausepups runzelte ihre ohnehin schon runzelige Stirn. „Haben Sie das Schild denn nicht gelesen?"

Mike kam ziemlich ins Schwitzen, und das lag nicht nur am Klettern. „Selbstverständlich habe ich das Schild gelesen ... Ich prüfe lediglich, ob die Körner schon reif genug für ... unsere mongolischen Freunde sind."

„Und, sind sie es?", hakte die ältere Dame nach.

„Ich denke schon", brummte Mike.

„Oh, da liegt ja eins", sagte Marina Mausepups plötzlich und bückte sich – ziemlich behände für ihr Alter. Mit strahlendem Lächeln hob sie Mikes heruntergefallenes Korn auf. „Das kann man ja so nicht mehr verschicken", meinte sie. „Das ist ja ganz staubig. Sie haben doch sicher nichts dagegen, wenn ich mal probiere?"

„Natürlich nicht", erwiderte Mike mit gequältem Lächeln.

Sein Lächeln wurde immer verkrampfter, als er zusah, wie das ganze Korn zwischen den faltigen Backen der fröhlich kauenden alten Dame verschwand. Zum Schluss leckte sich Frau Mausepups geziert die Pfoten und meinte: „Sie haben vollkommen recht. Das Korn ist reif. Grüßen Sie Herrn Maximilian Machmal, den Vorsitzenden des Vereins zur Rettung unserer hungernden Nachbarn im Osten, wenn Sie Bericht erstatten. Er ist ein alter Freund von mir."

„Aber gerne doch", knurrte Mike zwischen zusammengebissenen Zähnen hindurch.

Ungeduldig wartete er ab, bis die alte Mäusedame außer Sicht war. Dann kletterte er erneut den wankenden Halm hinauf. Mit schwitzenden Pfoten griff er gleich nach der ganzen Ähre und begann, mit aller Kraft zu ziehen.

„He, das darfst du nicht!", schimpfte auf einmal eine hohe, kindliche Stimme von unten.

So ein matschig-miefiger Mäusemist!, schimpfte Mike in Gedanken. Dann warf er über seine Schulter hinweg einen Blick auf den Besitzer der lästigen Piepsstimme.

Unter ihm sammelte sich eine Horde von Mäusekindern.

„Der Typ klaut die Körner von den Armen!", erklärte gerade ein kleiner Mäusebengel, der sich verwegen eine Daunenfeder hinters Ohr gesteckt hatte. Offensichtlich der Anführer der Bande.

„Klasse, wir haben einen Verbrecher auf frischer Tat ertappt!", freute sich ein anderes Kind.

„Verbrecher?", rief Mike empört. Der Getreidehalm knirschte besorgniserregend, als er sich bewegte. „Ihr rotzfrechen kleinen Wichtigtuer, ihr habt ja keine Aaaah...!" Gerade als er *Ahnung* sagen wollte, brach die Ähre mit einem lauten Knacken ab und Mike sauste nach unten. Die Ähre hielt er mit Armen und Beinen fest umklammert, was seinen Flug allerdings in keiner Weise verlangsamte.

„Uffff!", keuchte er, als er mit dem Rücken hart auf den Boden aufschlug. Einen Moment lang tanzten hübsche funkelnde Sternchen vor seinen Augen. Dann konnte er wieder klar sehen, und zwar in mindestens zehn grimmige, kleine Mäusegesichter, die vorwurfsvoll auf ihn hinabstarrten.

„Schämst du dich nicht?", fragte ein winziges Mäusemädchen mit einer rosa Schleife am linken Ohr.

Mike hustete.

„Wie kann man nur den armen Mäusen aus dem Osten die Körner wegklauen?!", fragte ein dicker Mäusejunge und stemmte die Pfoten in die Hüften. „Gut, dass Onkel Maximilian uns beauftragt hat, nach dem Rechten zu sehen. Sonst wär der Dieb noch ungeschoren davongekommen."

„Sehe ich vielleicht aus wie ein Dieb?", krächzte Mike und versuchte, so unschuldig auszusehen wie ein frisch gelegtes Taubenei.

„Ja!", erwiderte der Anführer der Bande nach einem kurzen Blick auf die Ähre, die Mike noch immer umklammert hielt. Die anderen Mäusekinder nickten.

Mist, Mist, Mist!, dachte Mike, während er sich unter den drohenden Blicken der Bande mühsam aufrichtete. Sein mittlerweile schon geübtes Hirn arbeitete derweil an der nächsten Lüge, um ihn aus dieser Situation zu retten.

Der Kreis der Mäusekinder schloss sich um ihn und Mike setzte ein ziemlich misslungenes Lächeln auf. „Das habt ihr gut gemacht, Kinder, sehr gut! Ihr habt den Test bestanden!"

„Was für 'n Test?", fragte der dicke Junge misstrauisch.

„Na, den Kornfeldbewacher-Eignungstest!", sagte Mike.

Die Kinder warfen sich zweifelnde Blicke zu.

„Äh ... Maximilian Machmal hat mich persönlich beauftragt, eure Wachsamkeit zu überprüfen. Er war sich nicht ganz sicher, ob ihr das hinbekommt. Aber ihr wart großartig."

Die Kinder wirkten nicht ganz überzeugt.

„Und deshalb kriegt jeder von euch auch ein Korn zur Belohnung!", ergänzte Mike hastig.

Bei diesen Worten entspannten sich die Mienen der kleinen Hilfspolizisten endlich.

Mike begann mit verkniffener Miene, Körner zu verteilen. Seine ohnehin schon miese Stimmung wurde immer schlechter, als er sah, dass die gierigen kleinen Pfoten durchaus mehrmals zugriffen. Da er es nicht für ratsam hielt, an dieser Stelle geizig zu sein, leerte sich die Ähre sehr rasch. Aber Mike gelang es, sie so zu halten, dass die Kleinen ein letztes Korn übersahen.

„Oh, alle", sagte das kleine Mäusemädchen enttäuscht.

Mike widersprach nicht.

„Na gut", meinte der Anführer. „Vielen Dank für die Belohnung, aber wir müssen jetzt weiter!"

Die kleinen Racker verabschiedeten sich und machten sich auf die Suche nach weiteren Verbrechern.

Erleichtert sah Mike ihnen hinterher und pflückte das letzte Korn aus der Ähre. Er wollte gerade hineinbeißen, als eine barsche Stimme ihn aufforderte: „Ihren Personalausweis und die Vereinsmitgliedskarte bitte!"

Er fuhr herum und blickte in die strengen Augen von Polizeioberwachtmeister Martin Magnix.

„Äh ... meinen P-p-p ... und meine V-v-v ...", stammelte Mike. „Die habe ich ... gerade hier verloren."

„So, so", brummte der Oberwachtmeister.

„Dann kam eine Rasselbande von mindestens zehn Kindern vorbei und half mir netterweise beim Suchen!" Inzwischen log Mike schon fast automatisch, ohne darüber nachzudenken. „Aber leider" – er zuckte bedauernd mit den Achseln – „haben wir meine Papiere nicht gefunden. Aber eine Belohnung musste ich ihnen natürlich trotzdem geben." Er deutete auf die zerfledderte Ähre. „Ein Korn ist noch übrig. Wollen Sie mal probieren?"

Der Polizist sagte nichts, machte sich aber auf einem Buchenblatt eifrig Notizen.

Mike wurde ganz blass.

Ohne aufzusehen, fragte Oberwachtmeister Martin Magnix: „Ihr Name?"

„Öh ... Matze Murks", log Mike.

Der Polizist hob die Brauen und schrieb eifrig weiter. Endlich klemmte er sich seinen Stift hinters Ohr und meinte: „So, Herr Mampf ..."

„Wieso Mampf ...?

„Meine Nichte Merle Mäusespeck war mit Ihnen in einer Schulklasse! Daher weiß ich, wie Sie wirklich heißen", erklärte der Polizist. „Also, da haben wir ja eine schöne Sammlung an Straftaten beisammen: Unbefugtes Betreten von Privatgelände, Diebstahl, Einbeziehung Minderjähriger in eine Straftat, Vortäuschung einer Vereinsmitgliedschaft, Belügen der Staatsgewalt und nicht zuletzt: Bestechung eines Polizeibeamten im Dienst! Das macht dann ..." – er holte den Stift hinter dem Ohr hervor und kritzelte auf sein Blatt – „... ein Bußgeld von insgesamt 457 Mäusemark und 19 Käsecent." Er reichte Mike den Zettel. „Ich erwarte Sie morgen früh um acht auf dem Polizeirevier. Das Korn nehme ich mit. Als Beweismittel. Einen schönen Tag noch."

Den Strafzettel in der rechten und die leere zerfledderte Ähre in der linken Pfote schlurfte Mike mit hängenden Schultern nach Hause. Wobei sein Rücken ihm bei jedem Schritt wehtat.

Kurz bevor er sich in sein Mauseloch verkriechen konnte, bemerkte er Merle, die fröhlich grinsend auf ihn zukam. Sie sah satt und sehr zufrieden aus. „Hallo, Mike!", rief sie schon von Weitem. „Wie war's bei deinem Onkel Manfred?"

Mike brummte etwas in seinen Bart, das nur er verstehen konnte.

Als Merle bei ihm angelangt war, deutete sie auf die leere Ähre, die er noch immer in der Pfote hielt. „Wie ich sehe, bist du auf die gleiche Idee gekommen wie ich."

„Wohl kaum", murmelte Mike. Um von seinen Untaten abzulenken, fragte er: „Was hattest du für eine Idee?"

„Die Körner sahen so lecker aus", sagte Merle fröhlich. „Ich konnte nicht anders und lief gleich hinüber zu Maximilian Machmal und fragte, ob ich dem Verein eine Ähre abkaufen dürfe. Du glaubst nicht, was er gesagt hat!"

„Meinte er zufällig, das kostet dich dann: 457 Mäusemark und 19 Käsecent?"

„Nein, er sagte: *Ach, das ist ja nett, dass Sie so höflich fragen. Die meisten Leute kommen eher auf den Gedanken, die Körner zu stehlen. Wissen Sie was, wir werden dieses Jahr eine so gute Ernte haben – ich schenke*

Ihnen eine ganze Ähre, als Lohn für Ihre Ehrlichkeit!" Merle strahlte. „Toll, was?"

Mike antwortete nicht. Er war voll und ganz damit beschäftigt, vor Wut über sich selbst einen knallroten Kopf zu bekommen und die leere Ähre in winzige Stückchen zu zerbeißen.

Als Gott uns vor langer Zeit die Zehn Gebote gab, da sagte er auch, dass wir nicht lügen und stehlen sollen. Siehe 2. Mose 20,15-16

Und Jesus macht klar, dass Gott nie etwas von uns fordert, um uns zu ärgern oder zu unterdrücken. Wenn er etwas von uns verlangt, dann weil er genau weiß, was besser für uns ist. Auch wenn wir das nicht immer sofort verstehen. Denn er meint es wirklich gut mit uns.

Nach Matthäus 19,24

Die Königskinder und der fiese Popo

Lukas, Lisa, Lars und Layla wurden alle am selben Tag geboren. Sie waren Geschwister, Löwengeschwister. Am Anfang taten sie nicht viel mehr, als zu schlafen und zu trinken. Das änderte sich jedoch bald, und die vier kleinen Löwen sorgten dafür, dass ihre Mutter keine ruhige Minute mehr hatte. Als sie noch zu klein waren, um etwas davon mitzubekommen, musste ihr Papa auf Reisen gehe, weil zu der Zeit ein Schakal und eine Hyäne eine Menge Unsinn anstellten, und er der einzige Löwe in ganz Afrika war, der das wieder in Ordnung bringen konnte. Doch das ist eine andere Geschichte[1].

Eines Tages versammelte die Löwenmutter die Geschwister, um ihnen etwas Besonderes mitzuteilen: „Ruhe! Alle mal

---

[1] Wer mehr dazu erfahren möchte, kann die Geschichte in dem Buch: „Warum es besser war, dass Pogo nicht fliegen konnte" (2008, Gerth Medien GmbH, Asslar) nachlesen. Sie heißt: „Schorschi und Henriette oder: Nur der Löwe ist der Löwe"

herhören! Ruhe, hab ich gesagt! Lukas, hör sofort auf, Lars zu würgen. Keine Panik, Lisa, wir suchen deine Dornenbuschbürste später. Layla, komm sofort vom Baum runter! Ich habe euch etwas Wichtiges mitzuteilen. Lars, es wäre reizend, wenn du von meiner Pfote heruntergehen würdest. Nein, Lukas, du kannst später aufs Klo gehen. Also Kinder, jetzt seid mal eine Minute lang ruhig und hört mir zu. Heute ist der Tag gekommen, an dem ihr euren Vater besuchen könnt."

„Ey, cool, wir haben einen Vater", sagte Lukas.

„Natürlich habt ihr einen Vater", erwiderte die Löwenmutter. „Und zwar einen ganz besonderen. Er ist der König aller Löwen. Der Herrscher über die Tiere im ganzen Land. Lange Zeit war er unterwegs, denn der Frieden in der Savanne war bedroht. Aber nun ist euer Papa zurückgekehrt."

„Unser Papa ist der König aller Löwen?!", rief Layla aufgeregt.

„Moment mal, wenn Daddy ein König ist, dann bin ich ja ein Prinz", stellte Lars fest.

„Hey, dann sind wir ja voll reich", meinte Lukas.

„Ist er denn streng?", fragte Lisa.

„Ganz ruhig, Kinder. Euer Vater ist zwar der König, aber in allererster Linie ist er euer Papa. Also habt keine Angst, er hat euch lieb und freut sich auf euch."

„Ich hab keine Angst, ich bin ein Prinz", erwiderte Lars.

„Wo ist Papa denn jetzt?", fragte Layla.

„Er hat eine Savannenversammlung einberufen …"

„Können wir ihn dort nicht besuchen?", fragte Lukas aufgeregt.

Die Mutter lächelte. „Das wird leider noch ein bisschen dauern. Wenn ihr heute Abend nicht hungern wollt, muss ich erst auf die Jagd gehen …"

„Oh nein!", rief Lukas.

„Das ist nicht fair!", schmollte Lars. „Erst erzählst du uns von Papa und dann dürfen wir ihn nicht sehen?"

„Wir können doch alleine zu ihm gehen, während du auf der Jagd bist. Schließlich sind wir schon groß!", behauptete Layla.

„Hm", brummte die Löwenmutter und dachte einen Augenblick nach. „Eigentlich habt ihr nicht unrecht, es ist ja nicht weit."

„Hurra!", jubelte Lukas.

„Also, hört gut zu!», fuhr die Löwenmutter fort: „Ihr geht bis zum Felsen bei der

Wasserstelle und dann links an den Wohnungen der Erdmännchen vorbei. Hinter dem Hügel mit dem alten Affenbrotbaum findet ihr ihn. Dort spricht er mit den anderen Tieren und hört sich ihre Sorgen an. Aber denkt daran: Lasst euch unterwegs nicht von Fremden ansprechen und geht mit keinem mit!"

„Alles klar!», rief Lars. „Auf geht's. Mir nach!"

„Hey, was heißt hier: Mir nach?", empörte sich Lukas. „Ich bin der Älteste, also hab ich auch das Kommando."

„Du bist nur dreißig Sekunden älter als ich und ich bin voll viel schlauer als du", giftete Lars.

Daraufhin packte ihn sein älterer Bruder mit den Zähnen am Ohr und Lukas boxte ihm mit der Pranke in den Magen.

„Okay, ich geh dann schon mal vor", sagte Layla und spazierte an ihren Brüdern vorbei. Die ließen sich das nicht gefallen und so stürmten alle vier Geschwister vor und trampelten sich beinahe gegenseitig über den Haufen. Plappernd, streitend und johlend rannten sie bis zur Wasserstelle und dann an den Erdhöhlen der hektischen Erdmännchen vorbei.

„Nanu, wo wollt ihr denn hin?", meldete sich plötzlich eine wohlklingende Stimme. Sie gehörte einem groß gewachsenen und ungewöhnlich kräftigen Pavian.

„Wir wollen zum König", sagte Lukas mit stolzgeschwellter Brust.

„Der ist nämlich unser Papa!", ergänzte Layla eifrig.

„So, so", sagte der Pavian und lächelte überlegen. „Und deshalb haltet ihr euch wohl für etwas ganz Besonderes?"

„Na logo", erwiderte Lars.

„Dann lasst mich euch mal Folgendes erklären", sagte der Pavian mit einem seltsamen Unterton in der Stimme. „Ihr seid keineswegs die Ersten und Einzigen, die etwas vom König wollen, sogar die mächtigen Elefanten kommen her und suchen seinen Rat. Also bildet euch nicht ein, dass der König der Savanne die ganze Zeit sehnsüchtig darauf wartet, dass ein paar plappernde Löwenkinder auftauchen und ihn bei seiner Arbeit stören. Glaubt mir, ich habe eine wichtige Stellung am Königshof, ich kenn mich da aus." Sein Blick fiel auf Lisa, die ganz kleinlaut wurde. „Wie weit kannst du zählen, Kleine?", fragte er sie.

„Bis ... zehn", murmelte sie leise.

„Ich kann bis zwanzig zählen!", meldete sich Lars vorlaut.

„Bis zwanzig. So, so." Der Pavian verzog seine Lippen zu einem schwer deutbaren Lächeln. „Das ist ja eine ganze Menge. Aber ihr müsst euch vorstellen, dass der König zehntausend Mal so viele Untertanen hat. Er beschäftigt sich mit wirklich wichtigen Dingen und seine Zeit ist knapp bemessen", erklärte der Pavian. „Es würde mich sehr wundern, wenn er euch überhaupt erkennt."

„Aber Mama hat gesagt ...", wollte sich Layla zu Wort melden, doch der Pavian unterbrach sie barsch: „Die Welt ist nicht immer so, wie wir uns das wünschen. Deshalb solltet ihr euch auch gut auf das Gespräch vorbereiten. Also, was wollt ihr vom König?"

„Ich will so viel Fleisch, dass ich mich kugelrund fressen kann und nie wieder jagen muss", sagte Lars.

„Pah, jagen", stichelte Lukas. „Wann hast du schon mal gejagt? Das erledigt doch alles Mama. Lars schlug mit der Pranke nach ihm, aber Lukas wich aus und erklärte dann in leicht arrogantem Tonfall: „Ich bin ein Prinz. Ich will einmal meinen Vater beerben und Herrscher über die Savanne werden."

Nun blickte der Pavian erwartungsvoll Lisa an.

„Also, ich will bloß keinen Ärger kriegen", sagte diese rasch.

„Und du?", wandte sich der Pavian mit stechendem Blick an Layla.

„Ich will meinen Papa kennenlernen und mit ihm zusammen was Tolles unternehmen."

„Sei nicht albern", knurrte der Pavian. „Du redest hier vom König! Glaub mir, der hat wahrlich Besseres zu tun, als mit kleinen Löwen zu spielen." Er schüttelte ein wenig verächtlich über diesen dummen Wunsch den Kopf. „Ich schlage vor, du überlegst dir etwas anderes."

„Aber ...", wollte Layla widersprechen. Doch der Pavian redete einfach weiter: „Und nun zu euch anderen. Ich kenne, wie gesagt, den Königshof schon sehr lange, und ich kann euch wertvolle Tipps geben. Du", sagte er und wandte sich an Lars, „willst immer genug saftiges, frisches Fleisch zum Fressen haben? Dann solltest du den König unbedingt davon überzeugen, dass du das auch verdient hast.

Zähle auf, was du bisher schon alles geleistet hast, sage ihm, wie fleißig und wie nett du bist."

„Aber der ist stinkefaul und fies", wandte Lukas ein und wich gewohnheitsgemäß dem ärgerlichen Prankenhieb seines älteren Bruders aus.

„Selbst wenn es so wäre", erwiderte der Pavian und zwinkerte den beiden listig zu, „muss man das dem König ja nicht auf die Nase binden. Und nun zu dir, mein Freund", sagte er zu Lukas. „Du willst Juniorchef werden?"

Lukas nickte eifrig.

„Eine hervorragende Idee. Dann müssen alle vor dir kuschen. Aber Chefs müssen auch gut reden können und schick aussehen. Kämm dir dein Fell und übe eine standesgemäße Anrede, zum Beispiel: ‚Eure hochwohlgeborene Majestät, König aller Löwen und Herrscher der Savanne, in tiefer Ehrerbietung neige ich mein Haupt vor dir' und so weiter."

„Voll krass", sagte Lukas.

„Aber wirkungsvoll", behauptete der Pavian und grinste.

„Und was soll ich machen?", fragte Lisa nervös.

„Am besten gar nichts", erwiderte der Pavian. „Wer nichts macht, macht auch keine Fehler. Versteck dich hinter den anderen und weiche dem König aus. Der ist auch mal froh, wenn jemand nichts von ihm möchte."

Lisa lächelte dankbar.

„Und im Zweifelsfall kann es nicht schaden, immer ein paar gute Ausreden parat zu haben", fügte der Pavian hinzu.

„Aber Mama hat gesagt ...", wollte sich Layla noch einmal zu Wort melden. Doch ihre Brüder stießen sie in die Seite: „Sei ruhig." Dann wandten sie sich mit dankbarem Lächeln an den Pavian:

„Vielen Dank für die Tipps", sagte Lars.

„Wir werden sie beherzigen", rief Lukas.

„Auf Wiedersehen", piepste Lisa.

Layla hingegen schüttelte nur den Kopf und trabte weiter.

Leichtfüßig und guter Dinge liefen die Löwenkinder den Hügel hinauf auf den alten Affenbrotbaum zu.

Popo der Pavian grinste listig, als er zusah, wie die Löwenkinder allmählich hinter der Hügelkuppe verschwanden. Dann rieb er sich die Hände und murmelte: „Ach ja, Rache ist süß. Du wirst dich ganz schön umgucken, Leon, wenn deine missratenen Bälger bei dir auftauchen." Hastig machte der Affe kehrt und eilte einen versteckten Pfad entlang zu einem kleinen, mit dichtem Buschwerk bewachsenen Plateau. Von dort aus konnte er alles ungesehen beobachten.

Popo der Pavian war leider kein besonders netter Affe, dafür aber sehr machtgierig. Früher hatte er tatsächlich mal im Hofstaat von König Leon dem Löwen gedient. Aber als Leon mitbekommen hatte, wie der Affe seine Stellung ausnutzte, um andere zu unterdrücken und sich selbst zu bereichern, hatte er ihn fortgeschickt. Seitdem grübelte Popo darüber nach, wie er sich am besten rächen konnte. Und nun hatte er eine Möglichkeit gefunden. Er wusste, dass Leon oft ziemlich enttäuscht und sauer war, wenn seine Untertanen ihn mit leeren Worten und Schmeicheleien vollblubberten, um ihn irgendwie beeinflussen zu können und möglichst viele Geschenke rauszuschlagen. Wenn nun seine eigenen Kinder genauso vorgingen, würde ihn das ganz schön fertigmachen.

Grinsend lugte er durch die Blätter des Buschwerks nach unten auf die Ebene. Der König beriet sich gerade mit Elma der Elefantin und Lord Nase, dem Chef des Nashornclans, als die vier Löwenkinder zögernd näher traten. Leon wandte sich um und lächelte erfreut, als er seine Kinder sah. Dann bat er die beiden Berater, einen Augenblick zu warten.

„Dir wird das Grinsen noch vergehen, Leon", murmelte Popo böse.

Der älteste Löwenjunge trat vor und sagte etwas. Langsam wich das Lächeln von Leons Lippen und er runzelte die Stirn.

Popo kicherte leise.

Nun drängelte sich der Zweitälteste vor, machte eine tiefe Verbeugung und quatschte salbungsvoll auf seinen Vater ein. Leons Verwunderung wurde immer größer, und als er bemerkte, wie die kleine Lisa sich ständig im Rücken ihrer Geschwister herumdrückte, schien ihn Traurigkeit zu erfassen.

Popo rieb sich vergnügt die Hände. „Wenn du wüsstest, wie einfach es war, deine Kinder zu beeinflussen", sagte er. „Du wirst noch bitter bereuen, dass du deinem fähigsten Mitarbeiter gekündigt hast!"

Gerade als der kleine Lukas sich so richtig in Fahrt geredet hatte, legte der König plötzlich den Kopf in den Nacken und ließ ein so markerschütterndes Brüllen hören, dass selbst Popo in seinem Versteck erschrocken zusammenzuckte.

„Meine Güte", flüsterte der Pavian zu sich selbst, „nun ist Seine Majestät aber sauer, was? Besser, ich zieh mich zurück, bevor die Kinder sich verplappern und ich Ärger kriege."

Hastig hüpfte der Affe davon und versteckte sich auf einem hohen Felsen am Rande des Pfades. Er musste sehr lange warten. Die Abenddämmerung setzte schon ein, als er endlich die vier Löwenkinder den Hügel hinabkommen sah. „Na, die armen Kleinen haben bestimmt ordentlich Ärger gekriegt", kicherte Popo in seinen Pavianbart.

Als die vier allerdings näher kamen, rutschte Popo das selbstzufriedene Grinsen aus dem Gesicht wie ein Wackelpudding aus einer umgedrehten Schüssel. Anstatt eingeschüchtert und deprimiert den Hügel hinabzuschleichen, wie er es erwartet hatte, tollten die vier Löwenkinder fröhlich lachend und plappernd den Pfad entlang.

„Das war der schönste Tag in meinem Leben", sagte die schüchterne Lisa gerade mit strahlenden Augen und sah dabei überhaupt nicht mehr schüchtern aus.

„Papa ist der beste Kokosnussfootballspieler der Welt", erklärte Lars voller Stolz.

„Als ich auf seinem Rücken reiten durfte, waren wir schneller als die schnellste Antilope", rief Layla begeistert.

„Am coolsten fand ich, als er uns gezeigt hat, wie man ein verlassenes Straußenei ausbrütet", erklärte Lukas.

„Eigentlich können wir dem fiesen Pavian dankbar sein, dass er uns so blöde Tipps gegeben hat", meinte Lisa nachdenklich.

„Ja", bestätigte Lukas, „erst habe ich ja 'nen Riesenschreck gekriegt, als Papa so gebrüllt hat …"

„… und mir haben die Knie geschlottert, als er meinte: ‚Ich glaube, es wird Zeit, dass ihr mich richtig kennenlernt!'", ergänzte Lars.

„Tja, aber dann hat Papa alle nach Hause geschickt und den ganzen Nachmittag mit uns gespielt", sagte Layla.

„Und so haben wir dem ollen Affen einen ganzen Tag mit unserem Papa zu verdanken", rief Lisa quietschvergnügt.

„Was der wohl dazu sagen würde, wenn er das wüsste?", fragte sich Lukas.

Popo der Pavian sagte gar nichts dazu. Er war zu sehr damit beschäftigt, sich selbst vor Wut in seinen Hintern zu beißen.

Manche Leute glauben, Gott würde ihre Bitten eher erhören, wenn sie besonders schwülstig daherreden, besondere Worte verwenden und ganz lange Gebete sprechen.

Und wieder andere machen sich so viele Sorgen um die alltäglichen Dinge des Lebens, dass sie gar nicht auf die Idee kommen, sich Gott anzuvertrauen. Vielleicht weil sie glauben, Gott habe so viel zu tun und keine Zeit, sich um uns zu kümmern.

Das ist alles Quatsch. Gott weiß genau, was ihr wirklich braucht, noch ehe ihr ein einziges Wort gesagt habt. Gott ist wie ein liebevoller Papa zu euch. Vertraut ihm, er wird euch nicht im Stich lassen.

Nach Matthäus 6,7.31–32

Rudis Kapuzinerkressenallergie und die größte Party aller Zeiten

„Yippie! Juchhu!" Es war Brigitte die Brieftaube, die juchzend und mit freudestrahlendem Gesicht auf den Hof geflattert kam. Sie hatte gewonnen! Sie hatte wirklich gewonnen! Brigitte konnte ihr Glück kaum fassen und drehte in der Luft einen Salto. Sie würde eine Riesenparty geben und all ihre Freunde dazu einladen.

Unten watschelte gerade Elke die Ente über den Hof und schüttelte ihr Gefieder.

„Elke, Elke!", rief Brigitte aufgeregt und sauste im Sturzflug hinab. In diesem Augenblick kamen auch Torsten der Truthahn und Paula die Pute um die Ecke gebogen.

Na prima, dachte Brigitte, *dann habe ich ja schon alle beisammen. Das wird 'ne Freude!*

„Huch, was ist denn mit dir los?", fragte Elke, als Brigitte eine Riesenstaubwolke aufwirbelte und direkt neben ihr landete.

„Auch das noch! Eine beschwipste Brieftaube am Morgen", schimpfte Torsten der Truthahn.

„Hey, Leute, ob ihr's glaubt oder nicht, ich habe gewonnen!", rief Brigitte.

Paula die Pute schaute wenig begeistert drein. „Oh, das ist ja toll", murmelte sie und putzte gelangweilt ihr Gefieder.

„Wenn du so weitergrinst, halbierst du dir noch den Schädel, Brigitte", brummte Torsten.

„Wobei hast du denn gewonnen?", fragte Elke die Ente und schnappte nebenbei nach einer Fliege.

„Na, beim Wetten", meinte Brigitte. „Und das habe ich einzig und allein der Kapuzinerkressenallergie von Rudi zu verdanken."

„Aha", sagte Paula mit verwirrtem Gesichtsausdruck, „könntest du das noch ein bisschen genauer erklären?"

„Na ja, Rudi ist doch eine Rennschnecke. Und ich war dieses Jahr die Einzige, die beim großen Schneckenmarathon auf ihn gewettet hat. Eigentlich habe ich gar keine Ahnung von Schneckenrennen; ich fand bloß seinen Namen so sympathisch. Jedenfalls stellte sich heraus, dass der gute Rudi schon ein bisschen älter ist. Es war schon sein hundertfünfunddreißigstes Rennen. Sein Gleitschleim ist inzwischen so morsch, dass er krümelt. Wenn Rudi kriecht, sieht es so aus, als würde er über eine Schotterpiste geschleift. Na, wie dem auch sei, keiner hat auf ihn gewettet, und er kam als Allerletzter ins Ziel."

„Und wieso hast du dann gewonnen?", fragte Elke die Ente.

„Dieses Jahr gab es zum ersten Mal Dopingtests, und alle Schnecken außer Rudi wurden disqualifiziert, weil sie verbotenerweise Kapuzinerkressenextrakt getrunken hatten, um schneller zu sein. Tja, und nun bin ich stinkreich."

„Wirklich toll", brummte Torsten. Die Zweifel standen ihm deutlich ins Gesicht geschrieben.

„Und wisst ihr was?", meinte Brigitte. „Ihr seid alle eingeladen. Ich freu mich so sehr, dass ich mit euch feiern will. Heute Abend, wenn der Mond aufgeht, an der alten Scheune. Na, was sagt ihr dazu?"

„Ich freu mich ja wirklich für dich, ehrlich", meinte Elke die Ente. „Aber leider kann ich nicht, ich habe schon einen Termin."

„Oh, das ist schade", meinte Brigitte enttäuscht, „was denn für einen Termin?"

„Ich geh schwimmen."

„Aber ... aber du gehst doch jeden Abend schwimmen", stotterte Brigitte.

„Eben, das ist gesund und fördert die Durchblutung", sagte Elke. „Dr. Schnabel sagt immer, das sei sehr wichtig für mich. Tut mir leid, vielleicht ein anderes Mal." Und damit watschelte Elke, ohne sich noch einmal umzusehen, weiter.

Enttäuscht und ein wenig verwundert blickte ihr Brigitte hinterher. Dann wandte sie sich hoffnungsfroh an die beiden anderen. „Und was ist mit euch? Kommt ihr zu meiner Feier? Es gibt gegrillte Regenwürmer, Madensalat und Tausendfüßlersandwich mit Ketchup und ..."

„Nimm's mir nicht übel", unterbrach Paula die Pute sie, „eigentlich habe ich heut auch schon etwas vor. Ich muss ... äh ... ich ... ich treffe mich mit Torsten, stimmt's?" Sie knuffte dem Truthahn in die Seite.

„Häh? Was?", fragte Torsten verblüfft.

„Wir treffen uns doch heute, stimmt's?", meinte Paula nachdrücklich.

„Äh ... Ach so, klar ... Wir machen ... äh Frühjahrsputz. Tut uns wirklich leid."

„Ihr macht Frühjahrsputz?", fragte Brigitte.

„Genau", bestätigte Paula.

„Aber ... es ist fast Herbst!", stieß Brigitte ungläubig hervor.

„Ja", sagte Torsten, „in der Tat ... äh ..."

„Wir sind ein bisschen spät dran", erklärte Paula. „Komm, Torsten, es wird höchste Zeit, dass wir gehen."

Enttäuscht sah Brigitte zu, wie ihre Freunde ihr den Rücken zukehrten. Sie hörte sie noch miteinander tuscheln.

„Glaubst du diesen Quatsch mit dem Schneckenrennen und der Party?", ereiferte sich Paula.

„Nee", knurrte Torsten, „die hat uns doch von Kralle bis Schnalle verpferdeäppelt."

„Genau, die will uns für dumm verkaufen", empörte sich Paula. „Die wartet nur darauf, dass wir dort auftauchen und kichert sich eins."

„Ich sag ja immer", brummte Torsten missmutig, „trau keinem Vogel, der fliegen kann ..."

Dann waren die beiden hinter dem Stall verschwunden.

„Aber ... aber ich wollte doch nur, dass ihr euch mit mir freut", murmelte Brigitte leise. Dann wandte sie sich traurig ab und schlurfte davon. „Warum glauben die mir bloß nicht? Ich hab doch wirklich gewonnen. Und wenn man gewinnt, dann muss man eine Party feiern, ist doch klar."

„Natürlich", erklang plötzlich eine tiefe, leicht quakende Stimme neben ihr. „Da hast du vollkommen recht."

Überrascht wandte sich Brigitte um. Sie war, ohne es zu merken, am Dorfteich angelangt. Und dort saß ein kräftiger, grüner Kerl und mümmelte an einer Mücke. „Nanu, wer bist du denn?", fragte Brigitte.

„Otto", erwiderte dieser, „Otto der Ochsenfrosch, und das da ist meine beste Freundin Kornelia die Kröte."

„Hi", sagte plötzlich etwas, das auf den ersten Blick wie ein pickliger Erdhaufen aussah.

„Und ich bin Lutz der Lurch", meldete sich eine fröhliche Stimme. Ein flinker kleiner Kerl kam aus einem Gebüsch geflitzt. „Was ist 'n mit dir los? Hat dich 'ne Zecke in den Po gepikt?"

„Nein", sagte Brigitte. „Eigentlich war ich bis vorhin ganz fröhlich. Ich habe nämlich beim Schneckenrennen gewonnen."

„Du hast gewonnen?", rief Otto. „Unglaublich! Ich hab nämlich mein halbes Taschengeld verloren, weil ich auf Robert Ratzefatz gewettet hatte. Ich war ganz schön sauer, als das mit dem Doping rauskam. Da hattest du ja wirklich den richtigen

Riecher." Auf Rudi, das alte Klappergestell, hätt ich niemals auch nur einen müden Madenzahn gesetzt.

„Herzlichen Glückwunsch", meldete sich Lutz der Lurch. „Aber als einzige Gewinnerin müsstest du doch strahlen wie ein blank poliertes Pferdegebiss."

„Im Grunde schon", sagte Brigitte und lächelte zaghaft. „Ich wollte auch eigentlich eine Party feiern, aber keiner will kommen."

„WAS?", rief Lutz der Lurch ehrlich schockiert. „Deine Kumpels lassen 'ne Party sausen? Sind die auf Diät oder was?"

Brigitte zuckte hilflos mit den Flügeln. „Torsten und Paula denken, ich will sie verpferdeäppeln, und Elke die Ente will lieber wie jeden Abend schwimmen gehen."

„Das gibt's doch nicht", meldete sich nun auch Otto zu Wort. „So ein Schneckenrennen gewinnt man doch nicht alle Tage."

„So isses", bestätigte Kornelia die Kröte. „Vor allem weil es nur einmal im Jahr stattfindet."

Plötzlich kam Brigitte eine Idee. Sie kratze sich nachdenklich mit der Flügelspitze am Schnabel und fragte dann vorsichtig: „Sagt mal, mögt ihr vielleicht gegrillte Regenwürmer?"

„Was ist denn das für 'ne Frage?", rief Lutz. „Ich liebe gegrillte Regenwürmer, am liebsten mit Nelken und einem Hauch Kuhfladenaroma."

„Und wie ist es mit Madensalat?", bohrte Brigitte nach.

„Köstlich", meldete sich Otto zu Wort.

„Tausendfüßlersandwich?"

„Mein Lieblingsgericht", sagte Kornelia und leckte sich genießerisch mit ihrer langen Zunge über den Bauch.

„Sagt mal, hättet ihr vielleicht Lust, eine Party mit mir zu feiern?", fragte Brigitte.

„Na logisch!", rief Otto

„Auf jeden Fall", meinte Kornelia.

„Das wäre echt cool", sagte Lutz.

„Wunderbar!", rief Brigitte begeistert aus. „Dann lasst uns eine Mega-superriesen-Schneckenrennen-Gewinnparty feiern. Und wir laden alle ein, die Lust dazu haben."

„Dann müssen wir natürlich Rudi Bescheid sagen", sagte Otto. „Schließlich hat er das Rennen gewonnen."

„Und Klara Kreuzotter! Die liebt Partys", meinte Kornelia.

„Auf jeden Fall müssen wir Ludwig den Laubfrosch einladen. Der kann die Jungs

vom Amphibiensinfonieorchester mitbringen", meinte Lutz voller Tatendrang. „Eigentlich geben die ja nur Frühjahrskonzerte, aber heute machen sie bestimmt mal eine Ausnahme."

„Wir können auch noch Benjamin dem Bückling 'ne Einladung schicken, obwohl der ständig aus dem Wasser springen muss, um was mitzubekommen."

So ging es noch eine ganze Weile weiter. Ihnen fielen immer mehr Tiere ein, die sie einladen konnten. Und es kamen tatsächlich über hundert Gäste zu Brigittes Fest. Und ich kann euch verraten: Es wurde die größte, fröhlichste und beste Party, die jemals in der Gegend gefeiert wurde. Und jeder, der dabei war, schwärmte noch Jahre später davon.

Mit Gott für immer zusammen zu sein, das ist wie eine Riesenparty. Aber komischerweise scheinen manche Leute keine Partys zu mögen.

Stellt euch einen Mann vor, der ein großes Festessen mit all seinen Freunden und Bekannten feiern will.

Er bereitet alles vor und bastelt für jeden eine Einladungskarte. Aber keiner will kommen. Vielleicht glauben die Eingeladenen die Sache mit der Party nicht oder ihnen sind andere Dinge einfach wichtiger. Jedenfalls erfinden sie die blödesten Ausreden: „Ich kann nicht, ich hab mir gerade ein neues Grundstück gekauft", oder: „Ich hab vor Kurzem geheiratet, deshalb kann ich nicht kommen."

Verständlicherweise ist der Mann ziemlich enttäuscht und sauer. Aber er lässt sich nicht unterkriegen. „Gut", sagt er, „dann lade ich eben alle ein, die Lust haben, mit mir zu feiern." Er schickt Boten aus, die alle Leute einladen, die sonst von keinem beachtet werden, weil sie weder besonders schön noch reich oder begabt sind. Und diese Leute kommen – von überallher! Das Haus wird knackevoll und alle feiern zusammen.

Gott lädt jeden von uns ein, für immer mit ihm zusammen zu sein.

Es wäre jammerschade, wenn du das wegen irgendeiner blöden Ausrede verpassen würdest.

Siehe Lukas 14,15–23

Riesendurst statt Zebrawurst

Es war ein unglaubliches Gedränge. Ede das Erdhörnchen reckte den Hals, um etwas erkennen zu können, erblickte aber nur das gestreifte Hinterteil eines Zebras. Eingekeilt zwischen einer aufgeregten Gazellenfamilie auf der rechten und Lord Nase, dem Chef der Nashörner, auf der linken Seite, war seine Bewegungsfreiheit ziemlich eingeschränkt. „Kannst du etwas sehen?", rief er Gitta der Giraffe zu.

„Ja", erwiderte Gitta und verjagte lässig eine dicke Schmeißfliege von ihrem linken Hinterknie.

Ede seufzte: „Hättest du vielleicht die Güte, mir auch zu verraten, was du siehst?"

„Viele Tiere", sagte Gitta und zupfte ein paar Blätter von einem Miombobaum.

Ede seufzte noch ein wenig lauter. Gitta hatte einen sehr eigenwilligen Sinn für Humor. Wahrscheinlich könnte er sie noch eine Stunde lang fragen, ohne eine vernünftige Antwort zu bekommen. Unter dem dicken Bauch von Lord Nase hindurch sah Ede ein paar Straußenfedern. „He,

Stanislaw, kannst du irgendwas erkennen?", rief er.

„Ich sehe einen Wüstenfloh", kam es dumpf zurück.

„Nimm den Kopf aus dem Sand und reck den Hals", empfahl Ede.

„Gute Idee", erwiderte Stanislaw.

„Ist der König schon da?", fragte Ede aufgeregt.

„Ja, er klettert gerade auf einen Felsen", berichtete Stanislaw.

Ein Raunen ging durch die Menge der Tiere und Leon ließ ein lautes Brüllen hören.

„Jetzt brüllt er", erklärte Stanislaw.

„Ich kann zwar außer einem Zebrapopo nicht viel sehen, aber hören kann ich noch ganz gut", brummte Ede.

„Jetzt sagt er was", berichtete Stanislaw pflichteifrig und sorgte dafür, dass Ede König Leons erste Worte nicht verstehen konnte.

„Halt die Klappe, Strauß", brummte Lord Nase gereizt.

„... aber Ede hat doch ..."

„Noch ein Wort und ich mach einen Doppelknoten mit Schleifchen in deinen dämlichen grauen Hals", knurrte Lord Nase.

Der Strauß verstummte abrupt.

„... die ersten Anzeichen sind schon sichtbar", sagte Leon gerade.

„Hä? Was für Anzeichen? Wovon spricht er?", fragte Ede.

„Angeblich kommt eine große Dürre", sagte das Zebra über seinen Hintern hinweg.

„Ob damit Gitta gemeint ist?", witzelte eine der Gazellen und schielte zu der Giraffe hinauf.

„Ruhe jetzt, zum Donnerwetter!", schimpfte Lord Nase. „Der Nächste, der den Mund aufmacht, wird plattgemacht! Ist das klar?!"

„Psst", kam es von vorne.

„... wenn das Gras verdorrt und die Affenbrotbäume ihre Blätter hängen lassen, dann zögert nicht, euch auf den Weg zu machen. ..."

„Auf den Weg? Aber wohin denn?", fragte Ede. Im nächsten Augenblick musste er hastig zur Seite hüpfen, denn Lord Nases mächtiger Fuß donnerte dicht neben ihm auf den Boden.

„Ruhe, hab ich gesagt!"

Eine mächtige Staubwolke stieg auf und das kleine Erdhörnchen musste husten.

„... ihr werdet durch eine Wüste laufen müssen", sagte Leon mit ernster Stimme. „Und es mag so aussehen, als würdet ihr in die Irre gehen. Doch die Wasserstelle ist da, vertraut mir. Sie ist groß genug für uns alle. Zieht nach Westen, Richtung Sonnenuntergang, sobald die Zeichen sich mehren, und ihr werdet gerettet werden. Das verspreche ich euch!"

Applaus wurde laut und einige Hochrufe erklangen.

„Der König verlässt den Felsen", verkündete Stanislaw.

Die Versammlung war beendet. Missmutig wendete Lord Nase, schubste mit seinem Hintern ein Zebra in die Gazellengruppe und trabte davon. „Immer das Gleiche", brummte er ärgerlich, „angeblich wird ja immer alles schlechter und schlimmer. Pah! Bis jetzt habe ich noch jede Dürre durchgehalten."

Die Menge der Tiere zerstreute sich. Einige murrten, andere machten besorgte Gesichter, eine Gruppe aufgeregt schnatternder Husarenaffen schmiedete bereits Reisepläne, aber ein großer Teil der Anwesenden plauderte angeregt miteinander, als wäre nichts Besonderes geschehen.

Ede kratzte sich nachdenklich am Kopf. Hatte er das richtig verstanden? Hatte Leon das ernst gemeint mit der Trockenheit und der Wanderung durch die Wüste? Wenn er die anderen Tiere so betrachtete, war er sich da nicht so sicher. „Was wirst du machen?", rief er Gitta zu, die gemächlich über eine Herde Warzenschweine hinwegstelzte.

„Ich werde mein zweites Frühstück zu mir nehmen", erwiderte die Giraffe.

War ja klar, dass sie mir so eine Antwort gibt, dachte Ede. Hastig hoppelte er neben den langen Beinen her. „Aber was machst du, wenn die große Dürre wirklich kommt?"

„Wir Giraffen haben da so einen Spruch", erwiderte Gitta. „Kommt Zeit, kommt Rat, da nützt kein Spagat."

„Aha."

Gitta verzog ihre Lippen zu einem Giraffenlächeln und stakste davon.

Ede wandte sich um: „He, Stanislaw, was wirst du machen?"

„Hab ich dich!", triumphierte der Strauß. Er hatte den Kopf schon wieder im Sand.

„Stanislaw?"

„Wie? Was?", der Strauß fuhr hoch. Eine dicke, behaarte Raupe hing ihm halb aus dem Schnabel.

„Was wirst du machen?"

Stanislaw verspeiste das haarige Vieh genüsslich und meinte: „Äh, keine Ahnung. Was machst du denn?"

„Das weiß ich doch selber nicht!" Ede verdrehte die Augen. „Na toll, keine Sau gibt mir eine vernünftige Antwort."

„Hast du denn schon eine gefragt?", meldete sich eine knurrige Stimme hinter ihm.

Als Ede sich umwandte, blickte er in die funkelnden Augen eines weiblichen Warzenschweins. „Oh ... äh ... das war eigentlich nur so 'n Spruch ... äh ... aber, wo ich dich gerade so treffe ... Was wirst *du* denn machen?"

„Das, was Leon gesagt hat", erwiderte die Sau.

„Aber die anderen ...", begann Ede.

„Jeder muss seine eigene Entscheidung treffen", erwiderte sie und lief hinüber zu ihrer Familie.

Schon bald hatte sich die Menge zerstreut, und so lief auch Ede zurück zu seiner Erdhöhle, und das Leben ging weiter wie bisher.

Die Tage vergingen, wurden zu Wochen und schließlich zu einem Monat. Nichts Außergewöhnliches passierte, gar nichts. Kein

Sturm kam, kein Erbeben, kein Lottogewinn und kein Regen. Alles war wie immer – scheinbar. Die Tiere schimpften über das Wetter, wie sie es immer taten. Und ganz allmählich verloren die Pflanzen ihre satte, grüne Farbe. Bald waren die ersten Wasserstellen ausgetrocknet. Das Gras verdorrte, und die Affenbrotbäume ließen durstig ihre Blätter hängen.

Ede das Erdhörnchen war sich ziemlich sicher, dass Leon, der König der Tiere, vor gar nicht allzu langer Zeit von genau solch einer Situation gesprochen hatte. Aber irgendwie schien sich niemand daran zu erinnern. *Vielleicht bin ich einfach nur zu empfindlich,* dachte sich Ede, als er gerade an einer staubtrockenen Nuss knabberte und dabei von einem eisgekühlten Feigensaft mit Kokosnussmilch träumte.

In diesem Moment marschierte eine Kolonne von Wanderameisen an ihm vorbei. Die Jungs dachten sich immer irgendwelche albernen Marschlieder aus, um nicht aus dem Rhythmus zu kommen. Üblicherweise drehte es sich dabei um ihre Königinnen und das neueste Bauvorhaben. Dieses Mal jedoch sangen sie Folgendes:

„Der Leopard, der träumt von Zebrawurst,
wir hingegen haben Riesendurst.
Wird Zeit, dass endlich wieder Regen fällt,
wenn's sein muss, zahl'n wir dafür
sogar Geld.
Wir wollen endlich wieder Wasser trinken,
uns waschen, weil wir ziemlich
dolle stinken.
Am schönsten wäre Tau von grünem Laub,
vor allem muss es nasser sein als Staub."

Über die Qualität von Ameisenreimen lässt sich sicherlich streiten. Aber zumindest wurde Ede klar, dass er nicht der Einzige war, der unter der Trockenheit litt. Als er sich umsah, konnte er in der Ferne den Nashornclan mit ein paar Zebras und einer Herde Gnus plaudern sehen, ein Pavian war auch dabei. Das kleine Erdhörnchen lief hinüber und konnte hören, wie Lord Nase gerade sagte: „... ach Quatsch, diese Trockenheit ist auch nicht schlimmer als andere. Glaubt mir, ich habe schon 'ne Menge Jahre auf der Nase und schon weit trockenere Zeiten erlebt als diese hier!"

„Und was ist mit Leons Warnung?", meldete sich Ede ungefragt zu Wort.

„Papperlapapp", knurrte Lord Nase.

„So eine Trockenheit ist ein ganz natürliches Ereignis", erklärte der Pavian. „Da muss man nicht gleich den König zitieren."

„Aber er hat doch gesagt, wenn das Gras verdorrt und die Affenbrotbäume ihre Blätter hängen lassen, dann sollen wir nach Westen ziehen", entgegnete Ede.

„Hat er das wirklich so gesagt?", fragte der Pavian.

„Ja ... ich glaube schon ...", erwiderte Ede, ein bisschen verunsichert, weil sich offenbar kein anderer daran erinnerte.

Lord Nase schnaubte verächtlich und stampfte mit seinem Clan davon. Die Zebras und Gnus begannen zu weiden, und der Pavian meinte, überheblich auf Ede hinabgrinsend: „Junge, Junge, du glaubst wohl auch alles, was?" Dann zog er sich einen Floh aus dem Fell und zerknackte ihn zwischen den bloßen Fingern.

„Na ja ...", murmelte Ede und kratzte sich am rechten Ohr.

Der Pavian kletterte auf einen Baum und beachtete ihn nicht weiter.

Ede spazierte durch die Savanne und sah überall Tiere umherwandern, die alle sehr beschäftigt waren. Offenbar dachte keiner daran, nach Westen zu wandern.

Eine Erdmännchenkolonie war sogar emsig dabei, ihre neu bezogene Erdhöhle einzurichten.

„He Chefin, wo soll ich die Heumatratzen hinbringen?"

„Zweiter Tunnel rechts, aber achte darauf, dass du nicht wieder lauter Wanzen mit hineinschleppst. Emil, pass auf mit den Eiern, sonst gibt es morgen kein Frühstück! Erwin, komm sofort von der Wurzel runter und mach dich nützlich, der östliche Fluchttunnel ist voller spitzer Steine …"

„Äh … Hallo", meldete sich Ede zu Wort.

Die Koloniechefin behielt ihre Leute weiter im Blick und fragte ungeduldig: „Was gibt's denn?"

„Ist euch denn noch gar nicht die große Trockenheit …?", begann Ede, wurde jedoch von einem spitzen Schrei der Chefin unterbrochen: „Erna! Die Vase habe ich von Oma geerbt! Geh gefälligst vorsichtig damit um!"

Ede räusperte sich: „Macht ihr euch keine Sorgen wegen der …?"

„Sorgen …?", fragte die Chefin abwesend. „Ich mach mir ständig Sorgen …" Ihr Blick fiel auf zwei Erdmännchen, die einen abgestorbenen Ast heranschleppten. „Da seid ihr ja endlich! Nun beeilt euch und stützt den Westtunnel ab, bevor wieder irgend so ein dämliches Elefantenbaby drauflatscht." Sie wandte sich wieder an Ede: „Was ist jetzt eigentlich deine Frage?", herrschte sie ihn ungeduldig an.

„König Leon hat doch gesagt, dass wir nach Westen ziehen sollen, wenn die Trockenheit ..."

„Doch nicht dorthin, du Trottel!", schimpfte die Chefin.

Ede schwieg verdutzt, dann bemerkte er, dass sie gar nicht ihn gemeint hatte, sondern ein junges Erdmännchen, das einen zerfledderten Trockenblumenstrauß zwischen den Zähnen hatte und verunsichert aus einem Tunnel herauslugte.

Während die Chefin weiterhin auf das eingeschüchterte Kerlchen einschimpfte, wandte sich Ede kopfschüttelnd ab und trottete weiter. Hier würde er wohl keine Antwort erhalten.

Etwas weiter sah er Stanislaw den Strauß, der den vertrockneten Boden nach irgendetwas absuchte. Als Ede näher kam, hörte er den großen Vogel murmeln: „Wo bist du denn? Na komm schon, versteck dich nicht, Onkel Stanislaw tut dir doch nichts, na komm ..."

„Was machst du denn da?", fragte Ede.

„Halt!", befahl der Strauß. „Nicht bewegen. Er muss hier irgendwo sein."

Ede blieb stehen und fragte: „Hast du schon darüber nachgedacht, nach Westen zu ziehen?"

„Hab ich dich!", jubelte Stanislaw. Dann stürzte er an Ede vorbei und pickte einen Kieselstein von der Erde. Triumphierend hob er den Kopf und schluckte den Stein geräuschvoll herunter. „Ist gut für die Verdauung", erklärte er.

„König Leon hat doch gesagt, wir sollen nach Westen ziehen", setzte Ede erneut an.

Aber Stanislaw war schon vollauf mit der Suche nach dem nächsten Stein beschäftigt. Und Ede wusste aus Erfahrung, dass Stanislaw sich immer nur auf eine Sache konzentrieren konnte. Momentan waren ihm die Kieselsteine wohl wichtiger.

Mit gesenktem Kopf marschierte das kleine Erdhörnchen weiter. Es hatte furchtbaren Durst; das musste den anderen doch genauso gehen. Warum erinnerte sich keiner an die Worte des Königs?

„He du, kommst du auch mit?", meldete sich plötzlich eine Stimme neben ihm. Es war ein Husarenaffe, der ihn neugierig von der Seite musterte.

„Wohin denn?", fragte Ede.

„Zu der Wasserstelle natürlich!", entgegnete der Affe. „König Leon hat doch gesagt, wir sollen nach Westen ziehen, wenn die Trockenheit kommt", erklärte der Affe ungeduldig. „Ich sammle die Nachzügler ein."

„Ihr glaubt also wirklich ..."

„Na klar. Komm mit, wir treffen uns hinter dem Hügel."

Ede leistete der Aufforderung folge, und er war erstaunt über das, was er hinter dem Hügel sah: Nicht nur die Husarenaffen wollten aufbrechen. Eine ganze Reihe von Tieren hatte sich schon dort eingefunden. Gitta die Giraffe war dabei, die Warzenschweine hatten sich vollständig versammelt, Elefanten, Gazellen, Antilopen – es war ordentlich etwas los.

Bei Einbruch der Dunkelheit marschierten sie los. Sie wanderten durch die Nacht, weil es dann angenehm kühl war, und ruhten sich am Tag ein wenig aus.

Anfangs war die Stimmung großartig. Die Spitzenlaune sank allerdings, als die Gegend immer karger wurde. Vor allem die Husarenaffen, die anfangs noch ein Mordstempo vorgelegt hatten, fingen an zu murren. „Wann kommt denn endlich die Wasserstelle?", maulten sie.

„Der König hat doch gesagt, dass wir durch eine Wüste laufen müssen", erwiderten die Warzenschweine.

„Aber wir latschen doch schon tagelang durch die Wüste. Es wird immer schlimmer statt besser!"

Schließlich, an einem Tag, der so heiß war, dass Ede auf seinen Augenbrauen Nüsse hätte rösten können, machten die Affen kehrt. „Zu Hause gab es wenigstens noch ein paar schlammige Wassertümpel! Hier gibt es gar nichts!", riefen sie. „Kommt lieber mit uns zurück, bevor es zu spät ist!"

„Was machst du?", fragte Ede Gitta die Giraffe. Eigentlich hatte er mit einer typischen Giraffenantwort gerechnet, doch Gitta sagte: „Komm, kletter auf meine Schultern, ich trage dich nach Westen. Wenn es sein muss, eine ganze Woche lang."

Viele Tiere vertrauten auf die Worte des Königs, doch etliche machten mit den Affen kehrt. Traurig und erschöpft blickten ihnen die anderen hinterher, bis eine Staubwolke die in der Hitze flimmernden Gestalten verschluckte.

Am Abend marschierte die Kolonne weiter, Meile um Meile. Die Stärkeren halfen den Schwächeren. Niemand blieb zurück. Allerdings sprach kaum noch einer ein Wort, weil ihre Kehlen wie ausgedörrt waren.

Viele Tage später, als Ede, kraftlos wie eine ausgenuckelte Bananenschale, auf Gittas Schultern lag und von Wassereis mit Haselnussgeschmack träumte, hörte er plötzlich einen Schrei. „W-w-was ist los?", stammelte er. „Werden wir angegriffen?"

„Wasser!", gellte der Schrei eines Pelikans durch die Wüstenluft. „Ich habe Wasser gefunden!"

„Ich glaub, der hazulliniert ...", murmelte Ede.

„Möglicherweise halluziniert er", erwiderte Gitta. „Aber woher kommt dann der Fisch in seinem Schnabel?"

„Hä? Fisch?", Ede hob den Kopf. Tatsache! Ein tropfnasser Fischschwanz lugte aus seinem Schnabel hervor.

Es dauerte einen Moment, bis die entkräfteten Tiere registrierten, was los war. Dann jedoch gab es kein Halten mehr. Jubelnd rannten sie los, über einen sandigen Hügel und dann hinab in ein fruchtbares

grünes Tal, in dem ein riesiger klarer See lag. Selbst die wasserscheueste Wildkatze ließ es sich nicht nehmen, ins kühle Nass zu hechten und ausgelassen zu planschen.

Ede trank, bis sein Bauch blubberte wie Tante Emmas Nusseintopf. Dann legte er sich am Ufer platt auf den Rücken. Kühle Wellen kitzelten seine Pfoten. Er war schon fast eingeschlafen, da sah er zwischen den halb geschlossenen Lidern hindurch auf einem Felsvorsprung einen Löwen stehen, der ihm freundlich zublinzelte. Als er noch mal hinsah, war der Löwe weg.

„Hm, vielleicht habe ich ja Hazullitazionen oder wie auch immer das heißt ... aber wenn nicht ..." Er hob den Kopf und rief in Richtung der Felsen: „Vielen Dank, Leon! Du hast uns gerettet!"

> Viele Leute hören die Gute Nachricht, dass Gott uns lieb hat und uns helfen möchte, aber sie gehen sehr unterschiedlich damit um.

Manche hören einfach nicht darauf und halten alles für Unsinn. Andere sind so mit ihren alltäglichen, nebensächlichen Sorgen und ihrem Besitz beschäftigt, dass sie Gott dabei völlig vergessen. Wieder andere sind erst eifrig dabei, aber sobald es schwierig wird und es ihnen mal nicht so gut geht, geben sie auf.

Und dann gibt es noch die Leute, die Gott vertrauen, auch wenn es manchmal nicht einfach ist. Sie erfahren, dass Gott es gut mit ihnen meint, und das führt dazu, dass sie sich immer mehr verändern und auch anderen Gutes tun wollen.

Nach Matthäus 13.18–23

Enno und der lebensgefährliche Lebensrettungsplan

Enno war ein ganz besonderes Entenküken. Er war außerordentlich begabt darin, sich Sorgen zu machen und selbst in der harmlosesten Kleinigkeit noch irgendwelche Gefahren zu entdecken.

Das war schon vor seiner Geburt so, also als er noch in seinem Ei kauerte. Alle seine Geschwister waren längst geschlüpft und watschelten aufgeregt schnatternd durch die Gegend, aber Enno weigerte sich, sein Ei zu verlassen. „Viel zu gefährlich!", piepte er aus dem sicheren Ei heraus.

Als seine Eierschale den ersten Riss bekam, versuchte Enno noch, sie von innen mit etwas Spucke und Eiweiß zu reparieren. Aber irgendwann funktionierte das nicht mehr.

Eines Morgens hörte man ein lautes Knacken. „Oh nein!", piepte es durch die Schale hindurch. Ein zweiter, noch größerer Riss war in dem Ei erschienen. „Ich brauche mehr Eiweiß!", hörte man eine panische Stimme. Dann krabbelte und kratzte es in dem Ei, als würde jemand darin akrobatische Übungen vollziehen. Es knackte wieder. „Mist!", schimpfte es aus dem Ei heraus.

Inzwischen hatten sich alle anderen Küken und die Eltern um das zappelnde Ei versammelt. Man konnte hören, wie jemand geräuschvoll Spucke sammelte. Doch kaum hatte das kleine Küken mit der Reparatur begonnen, knackte es erneut, und das Ei brach auseinander.

Ein verdutzt dreinschauendes Entenküken mit verklebten Federn und einem Rest Eierschale auf dem Kopf blinzelte unglücklich in die aufgehende Sonne.

„Herzlichen Glückwunsch zum Geburtstag, Enno!", rief die ganze Familie im Chor.

„Mist!", brummelte Enno.

*

Die Tage zogen ins Land und Enno wuchs heran. Während seine Geschwister fröhlich schnatternd die Welt erkundeten, blieb Enno lieber im Nest sitzen oder versteckte sich hinter altem Schilf und ausgerupften Kleeblättern. „Die Eichelhäher haben überall ihre Späher", murmelte er zur Erklärung.

„Du brauchst keine Angst zu haben", erklärte ihm sein Vater wohl zum hundertsten Mal. „Es gibt so viele tolle Sachen zu entdecken, und ich bin bei dir, ich passe auf dich auf. Komm mit!"

„Lieber nicht", erwiderte Enno.

„Vertraust du mir nicht?", fragte sein Papa ein bisschen traurig.

„Doch, schon", erwiderte Enno, „aber du musst ja außerdem noch auf Ella, Emil, Elisabeth, Erna und Egon aufpassen. Und wenn du dir den Fuß verstauchst und gleichzeitig zwei Nebelkrähen auftauchen ... Ich will mir gar nicht ausmahlen, was da alles passieren kann. Nein, nein, da bleib ich lieber hier."

Der Papa zog die Stirnfedern kraus. „Du wirst nicht lernen, was du zum Leben brauchst, wenn du dich die ganze Zeit hier versteckst."

„Vielleicht", murmelte Enno, „aber ich lerne es erst recht nicht, wenn mich eine Krähe schnappt." Dann verkrümelte er sich hinter einem großen Kastanienblatt und ließ seinen verblüfften Papa einfach stehen.

Eines Tages dann begann die Sache etwas aus dem Ruder zu laufen. Der Entenpapa rief alle seine Kinder zu sich und sagte: „Schaut mal alle eure Füße an. Fällt euch etwas auf?"

„Ich habe Plattfüße", bemerkte Ella stirnrunzelnd.

„Meine Füße sind viel größer als die von Egon!", rief Emil.

„Ich habe gar keinen Fußring", stellte Elisabeth fest. „Neulich habe ich bei einer weißen Taube einen wundervollen silbernen Fußring gesehen. Kann ich auch so einen haben?", fragte sie mit mädchenhaftem Augenaufschlag.

Die Reaktion ihres Vaters war allerdings nicht sehr vielversprechend. Er seufzte und sagte im Tonfall einer frustrierten Froschmama, die versucht ihre 250 wuselnden Kaulquappen durchzuzählen: „Jetzt guckt doch mal genau hin, Kinder. Fällt euch denn gar nicht auf, dass unsere Füße ganz anders aussehen als die von Tauben, Spatzen und Krähen?"

„Na ja ...", brummte Egon und glotzte auf seine Füße wie ein kurzsichtiger Biber auf seine Holzrechnung. „Eigentlich ..."

„Wir haben da viel mehr Haut zwischen den Krallen", rief Erna.

„Richtig!", jubelte der Papa.

„Au Backe, wir haben eine gefährliche Hautkrankheit!", kreischte Enno, „ich hab schon immer gewusst, dass mit uns etwas nicht stimmt ..."

„Enno!", rief Papa mit einem Anflug von Verzweiflung in der Stimme. „Alle Enten sehen so aus wie wir. Wir haben Schwimmhäute an den Füßen! Und das hat auch seinen Grund. Wir sind nämlich die geborenen Schwimmer."

„Aha", sagte Emil. „Und was heißt das?"

„Kommt, wir gehen zusammen ins Wasser, dann zeige ich es euch!"

Ennos Augen waren angstgeweitet: „Ich geh da nicht rein!" Panisch schüttelte er den Kopf.

„Das Wasser ist für uns Enten nicht gefährlich", versuchte ihn sein Papa zu beruhigen. „Im Gegenteil. Kommt."

Er watschelte voraus, und seine Kinder folgten ihm. Enno war der Letzte. Einen halben Meter vor dem Ufer des Sees machte er halt. Das Wasser wirkte eigentlich ganz harmlos, trotzdem hatte Enno das Gefühl, dass es ihn tückisch beobachtete, als warte es nur darauf, ihn zu verschlingen. „Ich geh keinen Schritt weiter!", verkündete er.

„Dir wird nichts passieren", beruhigte ihn sein Vater. „Ich bin bei dir und wir bleiben ganz dicht am Ufer."

„Ich bin schon ganz dicht am Ufer", erwiderte Enno.

„Ja", seufzte Papa, „aber auf der falschen Seite. So, Kinder, guckt einfach zu, ich zeige euch, wie es geht." Mit diesen Worten hüpfte er ins Wasser und schwamm, als sei es das Natürlichste auf der Welt. „Kommt!", rief er.

Elisabeth folgte ihm und schnatterte vergnügt, als sie feststellte, dass das Wasser sie tatsächlich trug. Emil kam gleich hinterher und die anderen Geschwister drängelten sich dicht hinter ihm.

Enno nutzte die Gelegenheit zur Flucht. Er spurtete die Uferböschung hinauf und verschwand im Schilf, ehe sein Vater aus dem Wasser heraus war. Schwer atmend versteckte er sich hinter einem Stein und murmelte leise: „Ich mach das nicht. Ich bin doch nicht lebensmüde. Bestimmt werde ich untergehen wie ein Kieselstein. Außerdem werden meine Federn nass und ich werde ganz krank, und dann werden mich die anderen im Stich lassen, weil sie Angst haben, sich anzustecken. So wird's noch kommen. Ich geh da nicht rein, auf keinen Fall."

„Ich würde es auch nicht machen", brummte auf einmal der Stein.

Enno kreischte erschrocken auf, machte ein paar Schritte rückwärts, stolperte über eine Wurzel und landete auf seinem Bürzel.

Ein faltiger Kopf kam aus dem Stein hervor und zwei gutmütige Augen blinzelten Enno freundlich zu. „Entschuldige, Kleiner, ich wollte dich nicht erschrecken. Ich bin Larissa die Landschildkröte." Die Schildkröte zupfte an einem Blatt und begann, behaglich zu mümmeln. Sie sah wirklich nicht gefährlich aus.

Enno kam zaghaft ein paar Schritte näher. „Bist du bewaffnet?", fragte er vorsichtig.

„Keineswegs", erwiderte die Schildkröte, „und ich esse nur Pflanzen. Wie heißt du denn?"

„Ich bin Enno", stellte er sich vor. „Warum siehst du aus wie ein Stein?"

„Das ist mein Panzer", erwiderte Larissa. „Er dient mir zum Schutz. Wenn die Lage irgendwie gefährlich aussieht, ziehe ich mich in meinen Panzer zurück und warte ab, bis die Luft wieder rein ist."

„Toll", staunte Enno. „So einen Panzer hätte ich auch gerne."

„Ich find's auch ziemlich cool", erwiderte Larissa.

„Mein Vater will, dass ich schwimmen lerne, aber ich finde das viel zu gefährlich", erklärte Enno. „Da kann ja alles Mögliche passieren!"

„Vorsicht ist die Mutter der Seidenraupe", erwiderte die Schildkröte. „Man kann nie vorsichtig genug sein. Vielleicht ist das Wasser sowieso nicht das Richtige für dich. Bei uns gibt es ja auch *Land*schildkröten und *Wasser*schildkröten. Möglicherweise ist es bei euch ähnlich. Kann ja sein, dass du eine *Land*ente bist und keine *Wasser*ente."

„Hm, schon möglich, dass ich eine Ausnahme bin." Enno kratzte sich mit dem linken Fuß nachdenklich am Bürzel. „Aber andererseits fühle ich mich auch nicht besonders sicher, wenn ich ganz alleine an Land bleibe und alle anderen schwimmen. Was ist zum Beispiel, wenn ein hungriger Marder kommt? Alle anderen können sich ins Wasser retten. Aber an Land hätte ich keine Chance!"

„Das ist wahr", bestätigte die Schildkröte mitfühlend. „Außerdem kann es sein, dass eine Hungersnot kommt und das Futter an Land zur Neige geht", meinte sie. „Dann können die anderen Enten sich im Wasser ernähren und du wirst vor Hunger schreckliche Bauchschmerzen bekommen."

Enno nickte. „Es könnte auch eine riesige Überflutung geben, weil ein Staudamm bricht. Dann muss man schwimmen können, um zu überleben."

„Gibt es hier in der Nähe einen Staudamm?", fragte Larissa überrascht.

„Keine Ahnung, aber man kann ja nie wissen. Wahrscheinlich lauern die Dinger überall."

Larissa erschauderte. „Jetzt, wo du es sagst ..." Sie schüttelte den Kopf und seufzte. „Man lebt einfach viel zu sorglos in den Tag hinein."

„Das stimmt", bestätigte Enno. Dann begann er grübelnd auf und ab zu watscheln. „Was mach ich denn jetzt bloß?"

„Was immer du tust, sei vorsichtig", mahnte Larissa. „In jedem Fall sollte man auf alle Gefahren vorbereitet sein und immer ein paar zusätzliche Sicherheiten einbauen."

„Hmmmm." Enno kratzte sich nachdenklich am Schnabel. Nach einer Weile fragte er: „Würdest du mir helfen?"

„Selbstverständlich", erwiderte die Schildkröte, „sofern das Ganze nicht gefährlich ist und ich dazu in der Lage bin."

„Prima, aber zuerst muss ich ein paar Berechnungen machen. Bis bald!" Voller Tatendrang watschelte Enno zurück. Inzwischen war es schon recht spät geworden und die ganze Familie war schon längst wieder zu Hause. Als er zufrieden grinsend am Nest anlangte, musste er sich erst einmal eine ordentliche Standpauke seiner Eltern anhören: „Wo warst du die ganze Zeit?", riefen sie. „Wir haben uns große Sorgen um dich gemacht."

„Ich mir auch", erwiderte Enno wahrheitsgemäß.

„Enno, so geht das nicht", sagte seine Mama ernst. „Vor lauter Angst und Sorge bringst du dich selbst noch in Gefahr."

„Außerdem bist du zum Schwimmen geboren", ergänzte Papa. „Enno, du brauchst dir überhaupt keine Gedanken zu machen. Du wärst der erste Entenjunge der Welt, der beim Schwimmen untergeht."

„Einer ist immer der Erste", erwiderte Enno mit düsterer Stimme.

Die Entenmutter legte den Kopf auf die Schulter ihres Mannes und gab seltsame

Geräusche von sich, die nicht gerade danach klangen, als wäre sie spitze drauf.

Papa tätschelte ihr den Rücken. „Ganz ruhig, Schätzchen, ganz ruhig. Wir schaffen das. Gemeinsam schaffen wir das."

„Okay, ich wäre ja bereit, schwimmen zu lernen", sagte Enno. „Aber erst nach einer gründlichen Überprüfung aller Gefahren und einigen zusätzlichen Absicherungen."

„Überprüfung aller Gefahren?" Die Mama starrte ihren Sohn an.

„Zusätzliche Absicherungen?" Ennos Papa runzelte die Stirnfedern, so stark, dass er fusselte.

„Gebt mir eine halbe Woche."

Die Eltern sahen erst einander an, dann Enno. Schließlich nickten sie seufzend.

In den nächsten Tagen legte Enno einen ungeheuren Tatendrang an den Tag. Getarnt mit einem großen Ahornblatt, das er sich auf den Kopf geklebt hatte, flitzte er durch die Gegend, sammelte Informationen, kritzelte in seinem Eichenblattnotizbuch herum und befragte verschiedene Wassertiere ausführlich zu ihren Schwimmerfahrungen, unter anderem einen Laubfrosch und einen Wasserkäfer. Zudem bastelte er irgendetwas aus Birkenrinde und Schilf und schrieb eine Menge Briefe an verschiedene Versicherungen und den Seenotrettungsverein.

Kopfschüttelnd sahen ihm seine Entengeschwister zu.

Schließlich, dreieinhalb Tage später, schlich er sich am frühen Morgen vor Sonnenaufgang aus dem Nest. Die Menge an Ausrüstung, die er mit sich herumschleppte, ließ seine Kniegelenke knirschen.

Beim Fliegenpilz an der alten Tanne traf er dann Larissa, die ihm verschlafen entgegenblinzelte. „Einen ruhigen und sicheren Morgen wünsche ich dir."

„Dir ebenso", schnaufte Enno. „Kannst du mich zu der Stelle führen, von der du mir erzählt hast?"

„Klar", erwiderte Larissa. „Ich flitze schon mal vor." Im Tempo einer altersschwachen Weinbergschnecke schlurfte die Schildkröte zu einer abgelegenen, schlammigen Bucht. Indessen brach Enno unter seinem Gepäck fast zusammen.

Endlich waren sie da.

„Hier?", fragte Enno keuchend.

Larissa nickte: „Alle sind sich darin einig, dass an dieser Stelle noch nie jemand ertrunken ist, und das seit Schildkrötengedenken – was ganz schön lange ist."

„Ausgezeichnet." Ächzend warf Enno die Last von seinem Rücken und drückte Larissa ein voll beschriebenes Blatt mit Gebrauchsanweisungen unter den Fuß. „Hier, ich habe verschiedene Experten zu den sichersten Schwimmmethoden befragt und alles aufgeschrieben. Du kannst dich schon mal mit den Bewegungsabläufen vertraut machen, damit du mir helfen kannst, wenn ich in Panik gerate."

„Ich werd's versuchen", sagte Larissa, wobei sie nicht allzu viel Zuversicht ausstrahlte.

„Seit gestern bin ich übrigens Mitglied im Seenotrettungsverein", sagte Enno, während er sich an seiner Ausrüstung zu schaffen machte. „Außerdem habe ich eine spezielle Unfallversicherung und eine Lebensversicherung abgeschlossen."

„Das klingt sehr vernünftig", erwiderte Larissa. „Warum mussten wir uns eigentlich so früh treffen?"

„Ich habe mich genau erkundigt, um diese Uhrzeit ist noch nie jemand ertrunken", erwiderte Enno und band sich seine selbst geschnitzten Schwimmflügel aus

Birkenrinde um. Anschließend befestigte er ein Rettungsseil um seinen Brustkorb und band es an einer dicken Wurzel fest. „Damit mich die Strömung nicht auf den offenen See treibt", erklärte er.

„Hier gibt es Strömungen?", fragte Larissa und starrte auf die spiegelglatte Wasseroberfläche, über der ein paar verschlafene Mücken schwirrten.

„Man weiß nie, ob hier nicht gefährliche Unterströmungen auftreten können", meinte Enno und band sich seine Schwimmflossen aus doppelt genähten Lindenblättern um die Fußgelenke. Zuletzt schlüpfte er noch in den Rettungsring aus harzigen Fichtenrindenstücken. „Fertig", verkündete er mit besorgter Miene.

„Wie fühlst du dich?", fragte Larissa.

„Ich bin ausgesprochen beunruhigt", erwiderte Enno und kontrollierte zur Sicherheit noch einmal sein gesamtes Material.

„Ich mache mir auch große Sorgen", meinte die Schildkröte. „Willst du es nicht doch lieber lassen?"

„Eigentlich schon, aber ich habe ja nur die Wahl zwischen Federpocken und Vogelgrippe, wie man so sagt. Wenn ich nicht schwimmen lerne, gehe ich wahrscheinlich ein noch höheres Risiko ein. Also, los geht's."

Ungeschickt watschelte Enno ins Wasser. Er kam nur schwer voran und der Boden machte seltsam schmatzende Geräusche, denn leider war der Untergrund des Sees hier sehr matschig und zudem war alles dicht mit Algen bewachsen. Das war übrigens auch der Grund, weshalb an dieser Stelle noch niemand ertrunken war: Niemand ging hier baden. Das hatte Enno bei seinen Überlegungen allerdings nicht bedacht.

Schließlich hatte das brackige Wasser seinen Schwimmgürtel erreicht. „Und jetzt?", fragte er Larissa.

Larissa warf noch einmal einen Blick auf Ennos Aufzeichnungen. „Jetzt musst du dich durch rhythmische Flossenbewegungen über Wasser halten, sofern der Frosch sich nicht irrt."

„Rhythmische Bewegungen ... okay", sagte Enno und platschte ungeschickt mit seinen viel zu großen Flossen umher. Und dann nahm das Unglück seinen Lauf. Eine der beiden Lindenblätterflossen blieb in dem dichten Algenteppich, der den Seeboden bedeckte, hängen. Während Enno sich hektisch zu befreien versuchte, sog sich der löchrige Rettungsring voll Wasser und zog Enno nach unten. Hektisch fuchtelte er mit den Flügeln herum. Dabei verhakte sich sein linker Schwimmflügel in einer Seerose und er bekam Schlagseite. „Larissa!", schrie er. „Was soll ich tun?"

Die Schildkröte blätterte panisch in den Notizen. „Äh, warte ... Ich hab's gleich ... Moment ... Hier! Der Wasserkäfer empfiehlt, alle verfügbaren Gliedmaßen weit auszustrecken und die Oberflächenspannung zu nutzen. Dann trägt dich das Wasser!"

Enno streckte alle viere von sich – und ging unter. Als er hektisch strampelnd wieder auftauchte, hatte sich durch sein Herumgezappel das Rettungsseil um seinen Hals gelegt und schnürte ihm die Luft ab. „Hilfe!", krächzte er.

Larissa kroch panisch auf und ab: „Alarm!", rief sie. „Ente in Seenot!"

Ennos rechte Lindenblattflosse hatte sich nun auch noch in seinem linken Schwimmflügel verhakt. Er war inzwischen so verknotet, dass er sich kaum noch bewegen konnte.

„HILFE!", kreischte Larissa.

„Chiiilkrs", machte Enno.

Der Lärm hatte inzwischen auch Ennos Vater geweckt. Er kam herangestürmt wie ein Speedhubschrauber mit Zusatzturbo. „Enno!", rief er und hechtete ins Wasser.

Mit einem mächtigen Ruck seines Schnabels riss er das Rettungsseil entzwei, das für Enno zur gefährlichen Falle geworden war. Mit einer Flosse hielt der Entenvater seinen Sohn über Wasser, während er mit seinem Schnabel dessen gesamte Ausrüstung in kleine Einzelteile zerlegte. Schließlich waren die beiden umgeben von Trümmerteilen. Der zerzauste kleine Enno schmiegte sich dicht an seinen Vater, und dieser schwamm langsam auf den See hinaus.

„Dem Himmel sei Dank", seufzte Larissa und setzte sich auf einen Stein, um ihr wild schlagendes Herz zu beruhigen.

Am Horizont ging die Sonne auf und das Morgenlicht glitzerte hell und warm auf dem Wasser.

„Enno", sagte Papa leise.

„Ja?", fragte der kleine Entenjunge.

„Du schwimmst."

„Was?!" Erschrocken blickte Enno auf. Als er feststellte, dass er sich inzwischen mitten auf dem See befand, wäre er in einem Moment der Panik beinahe untergegangen. Dann jedoch nahm er die unbewussten Bewegungen wieder auf und schwamm aufgeregt und glücklich neben seinem Papa eine Runde über den See.

„Hurra!", rief Larissa ein wenig atemlos vom Ufer aus. Und gleich darauf versammelte sich die ganze Entenfamilie, um Enno zu applaudieren.

„Ich kann schwimmen", verkündete Enno begeistert.

„Ich habe es dir doch gesagt", meinte Papa und strahlte. Nach einer Weile fragte er: „Und, hast du etwas daraus gelernt?"

„Klar", erwiderte Enno, „beim nächsten Mal nehme ich Buchenborke für den Schwimmreifen und knüpfe das Rettungsseil doppelt so stark."

„Was?!"

„War nur ein Scherz", grinste Enno, „ich hab nur Spaß gemacht."

„Spaß, so, so", brummte Papa. Dann pikste er Enno in die Seite, der erst erschrocken quiekte und dann mit dem Flügel Wasser in das Gesicht seines Vaters spritzte. Kichernd und Wasser spritzend schwammen die beiden zurück zum Ufer.

Nach diesem Erlebnis war Enno noch immer nicht die wildeste und abenteuerlustigste aller Wildenten. Aber das machte nichts, denn diese eine Erfahrung hatte ihm gezeigt, worauf es wirklich ankam …

Lasst nicht zu, dass eure Ängste und Sorgen euch ganz verrückt machen und über euer ganzes Leben bestimmen. Selbst wenn euch vor lauter Sorgen alle Haare vom Kopf fallen, ihr könnt die wirklich entscheidenden Dinge dadurch nicht ändern.

Gott kümmert sich sogar um jeden einzelnen Vogel (auch um die Enten). Meint ihr nicht, dass er sich um euch noch viel mehr kümmern wird? Ihr seid doch seine geliebten Kinder.

Achtet also vor allem darauf, dass ihr Gott vertraut und auf ihn hört. Ihm könnt ihr alles anvertrauen; er wird für euch sorgen. Wahrscheinlich wird er euch nicht jeden Wunsch erfüllen, aber er wird euch das geben, was ihr wirklich braucht.

Nach Matthäus 6,26–33

Der Zirkusdirektor und die affige Abstimmung

Eines Tages versammelte der Zirkusdirektor alle Tiere in der Manege und verkündete: „Hört mir mal genau zu, Leute. Ich muss für ein paar Tage auf Reisen gehen und unseren nächsten Auftritt organisieren. Ihr sorgt inzwischen dafür, dass der Laden weiterläuft. Das schafft ihr doch, oder?"

„Klar schaffen wir das", erwiderten die Tiere.

Aber es dauerte gar nicht lange, bis einige begannen herumzumaulen.

„Puh", seufzte Gerhard der Gorilla und stützte sich auf seine Mistforke. „Allmählich habe ich keine Lust mehr. Mein Fell ist schon ganz staubig von der vielen Plackerei." Er trommelte sich auf die Brust, dass die Fusseln nur so stoben. „Es ist nicht meine Bestimmung, Heu zu stapeln", maulte er. „Ich bin ein Künstler!"

„Wem sagst du das!" Anton der Araberhengst nickte beifällig mit dem Kopf. Dann kickte er grummelnd einen Heuballen in die Ecke, sodass sich Sprotti die Springmaus nur mit einem gewagten Hechtsprung vor einer Heuballenzerquetschung retten konnte. Zu ihrem Unglück landete sie genau in dem reich gefüllten Spucknapf von Ludwig dem Lama. Weder Anton noch Gerhard achteten auf ihr empörtes Piepsen.

„*Komm zum Zirkus*, hieß es damals", grummelte Gerhard „*dann wirst du berühmt*, hieß es. *Alle werden dich bewundern.* Ha! Stattdessen werde ich hier ausgenutzt wie der letzte ... Affe. Und die anderen liegen auf der faulen Haut!" Er schüttelte seine mächtige Faust so drohend, dass Sprotti die Springmaus wieder freiwillig in den Spucknapf zurückplumpste.

„So ist es", bestätigte Anton der Araberhengst. „Charlotte die Schlange zum Beispiel hat noch nicht einen einzigen Handschlag gemacht."

„Und hast du Ferdinand den Floh schon mal einen Heuballen schleppen sehen?", knurrte Gerhard.

„Nö! Noch nie!" Anton schüttelte empört den Kopf.

„Dieser Zirkus ist ungerecht!", sagte Gerhard. „Und ich werde das nicht mehr länger hinnehmen."

„Ganz recht", bestätigte Anton. „Ich denke, wir sollten sofort eine Tiervollversammlung einberufen."

„Gute Idee", schnaubte Gerhard.

Nach der Abendvorstellung versammelten sich alle Zirkustiere in der leeren Manege. Aufgeregt plapperten sie durcheinander.

Gerhard hob beide Arme. Nichts passierte. *Komisch*, dachte er bei sich, *beim Zirkusdirektor werden dann immer alle still.* „Ruhe!", rief er. „Alle mal herhören!"

Alle Pferde schauten ihn an. Aber das hatten sie vorher auch schon getan. Der Rest schnatterte fröhlich weiter.

„Also gut", knurrte Gerhard. „Ihr habt es nicht anders gewollt. Mit einem raschen Griff schnappte er sich Sprotti die Springmaus und warf sie Elke der Elefantendame auf den Kopf.

„Igitt!", kreischte Elke. „Eine Maus, eine Maus!" Sie stieß ein ohrenbetäubendes Trompeten aus und sprang auf das Podest von Hugo dem Hängebauchschwein, das daraufhin donnernd zusammenbrach. Sprotti die Springmaus segelte in hohem Bogen durch die Luft und landete direkt in Antons Pferdeäpfeln. Das bewahrte sie zwar vor einem Beinbruch, ruinierte aber auch den Effekt der Rosenseife, mit der sie sich gerade erst von Ludwigs Spucke befreit hatte.

Augenblicklich wurde es mucksmäuschenstill in der Manege – bis auf das leise Schimpfen von Sprotti, die sich mühsam aus den Pferdeäpfeln befreite. Schamrot im Gesicht schob Elke die Überreste des Podestes hinter sich und Gerhard der Gorilla ergriff das Wort: „Liebe Tiere und Tierinnen. Anton der Araberhengst und ich haben diese Versammlung einberufen, weil wir etwas sehr Wichtiges mit euch zu besprechen haben. Wir alle sind einst in diesen Zirkus eingetreten, weil wir an die gleichen Werte glaubten. Äh ... Gleichheit, Einheit und Tierliebe."

„Genau!", jubelte Robbi die Robbe und klatschte eifrig in die Flossen.

„Äh, also ich bin eigentlich zum Zirkus gegangen, weil ich eine persönliche Abneigung gegen den Schlachter hatte", meldete sich Hugo das Hängebauchschwein.

„Und ich bin beim Zirkus, weil ich hier geboren wurde", sagte Ludwig das Lama und spuckte zur Bekräftigung auf den Boden.

„Und ich –", wollte sich Charlotte die Schlange melden.

Doch Gerhard fuhr ihr ins Wort: „Wie dem auch sei. Jedenfalls sind wir uns doch einig darüber, dass im Zirkus alle Tiere gleich sein sollten."

„Natürlich!", rief Robbi die Robbe und alle Pferde nickten im Gleichtakt.

„Und wenn alle Tiere gleich sind, müssen auch alle gleich behandelt werden und gleich viel Arbeit leisten."

„Na logisch", bestätigte Robbi die Robbe und klatschte begeistert in die Flossen.

Die Pferde wieherten bestätigend. Elke die Elefantendame runzelte die Stirn. Ludwig das Lama spuckte nachdenklich auf den Boden. Sprotti die Springmaus zupfte sich grummelnd etwas Pferdeapfel aus der Frisur und Ferdinand der Floh kam nicht zu Wort.

„Und damit alles fair bleibt, schlage ich vor, dass wir abstimmen", sagte Gerhard. „Wer dafür ist, hebe bitte Hand, Pfote, Flosse oder Hufe."

„Äh, Moment mal ...", meldete sich Charlotte die Schlange.

Doch Gerhard fuhr einfach fort: „So, dann wollen wir mal zählen. Alle Pferde melden sich. Mal sehen, das sind dann zehn, dazu kommen noch eine Robbe und ich selbst. Das ergibt insgesamt zwölf."

„Bravo!", jubelte Robbi.

„Wer ist dagegen? Aha, Ludwig und Hugo heben die Pfoten, das sind dann ... He!" Ein Stück Pferdeapfel flog knapp an Gerhards Kopf vorbei und empörtes Piepsen war zu vernehmen. „Okay, Sprotti meldet sich auch." Großzügig zählte Gerhard noch Elkes erhobenen Rüssel und Charlottes winkenden Kopf mit. Ferdinand den Floh allerdings übersah er. „Tja, Leute", sagte Gerhard und rieb sich die Hände. „Zwölf sind dafür und fünf dagegen. Damit ist die Sache wohl klar. Wir werden also die Arbeit schön gleichmäßig aufteilen, alle machen genau dasselbe, genau gleich oft. Ihr werdet sehen, es wird sein wie im Paradies."

Drei Tage später saß Gerhard der Gorilla auf einem Heuballen und wartete darauf, dass sich ein weiterer Ballen von der anderen Seite des Stalles auf ihn zubewegte. „Nun mach schon, Ferdinand!", rief er. „Wir haben nicht ewig Zeit."

Mit viel Fantasie sah es fast so aus, als würde sich der Ballen tatsächlich einen Millimeter bewegen, aber sicher war Gerhard sich nicht.

Während er wartete, knabberte der große Gorilla ein wenig an einem Strohhalm und kratzte sich am Kopf. Das Leben war nun, wo sie alle gleich waren, deutlich bequemer geworden. Andererseits gab es auch das eine oder andere Problemchen. So waren beispielsweise die Vorstellungen der absolute Reinfall. Am Anfang klatschten die Leute ja noch begeistert, wenn die Pferde in gleichmäßigen Reihen durch die Manege galoppierten, über Hürden sprangen und sich im Kreis drehten. Doch wenn gleich darauf ein Lama, ein Elefant und ein Hängebauchschwein genau das Gleiche aufführten, wurde der Applaus schon geringer. Spätestens wenn Gerhard, Charlotte und Robbi dieselbe Nummer zeigten, kamen die ersten Buhrufe und bei Sprottis und Ferdinands Auftritt waren die Zuschauerreihen bereits leer. Gerhard kratzte sich am Kopf. Offensichtlich hatten Zirkusbesucher ein ziemlich unterentwickeltes Gerechtigkeitsverständnis.

Ein leises Räuspern riss Gerhard den Gorilla aus seinen Gedanken. „Was machst du denn da?", erklang eine wohlbekannte

Stimme hinter ihm. Es war der Zirkusdirektor.

„Ich? Äh, na ja, ich habe meinen Heuballen schon hier rübergetragen, und jetzt warte ich darauf, dass Ferdinand seinen bringt. Wir sind nämlich ein demokratischer Zirkus geworden und haben darüber abgestimmt, dass ab sofort alle gleich sind und deshalb auch jeder das gleiche ... äh ..." Gerhard war immer leiser geworden. Irgendwie klangen diese Worte auf einmal auch in seinen eigenen Ohren nicht mehr so wirklich überzeugend.

„Ferdinand der Floh?", fragte der Zirkusdirektor freundlich. „Habe ich dich richtig verstanden? Du wartest darauf, dass Ferdinand der Floh einen Heuballen herschafft?"

Gerhard schluckte. „Gnnh. Äh, ja, es klingt jetzt vielleicht ein bisschen komisch ... aber äh ... na ja ... die anderen wollten das so."

Der Zirkusdirektor blieb ganz freundlich, aber seine Augen schienen ein bisschen traurig zu blicken, als er fragte: „Die anderen wollten das so?"

„Äh ... na ja, also icheigentlichaucheinbisschen", nuschelte Gerhard kleinlaut. „Wir dachten eben, es wäre fairer und einfacher für uns, wenn alle gleich wären und alle das Gleiche machen würden und so ..."

„Hm", sagte der Zirkusdirektor und kratzte sich am Bart. „Vielleicht", grübelte er. „Vielleicht wäre es tatsächlich ein wenig einfacher, wenn alle gleich wären. Aber es wäre auch deutlich langweiliger. Und deshalb bin ich froh, dass ihr alle so unterschiedlich seid!" Dann schmunzelte er ein bisschen und sagte: „Weißt du, Gerhard, ich habe einen Gorilla in meinem Zirkus, damit er Sachen macht, die ein Gorilla kann. Ich habe ein Hängebauchschwein in meinem Zirkus, damit es Sachen macht, die ein Hängebauchschwein kann. Und ich habe einen Floh in meinem Zirkus, damit er Sachen macht, die ein Floh kann."

Gerhard hatte das starke Bedürfnis, sich in Ludwigs Spucknapf zu verkriechen. Doch leider war der viel zu klein.

„Ein Floh ist ein tolles Tier", fuhr der Zirkusdirektor fort: „Er kann unheimlich hoch springen. Er kann lustige Saltos in der Luft machen und anderen Leuten die Schuppen aus den Haaren ziehen. Aber weißt du, was ein Floh nicht kann?"

„Äh ... Heuballen schleppen?"

„Sehr richtig", erwiderte der Zirkusdirektor.

Einen Augenblick lang sahen sich die beiden ernst an, dann grinsten sie ein bisschen und wenig später prusteten sie laut lachend los, der Gorilla und der Zirkusdirektor.

Übrigens: Noch am gleichen Abend stapelte Gerhard so schnell so viele Heuballen wie in seinem ganzen Leben noch nicht. Und aus irgendeinem Grund machte ihm das sogar Spaß.

> Die Menschen haben sehr unterschiedliche Fähigkeiten und wissen unterschiedlich viel. Deshalb ist es ja nur logisch und auch fair, dass nicht von allen das Gleiche erwartet wird. Wem sehr viel anvertraut wurde, von dem erwartet Gott auch mehr als von jemandem, der weniger kann oder weiß.
>
> Nach Lukas 12,48b

Micha
und die schuppige Schurkin

Die Freiheitskämpfer des Dschungels hatten sich früh am Morgen in einer moosbewachsenen Mulde, im Schatten eines mächtigen Teakbaumes, versammelt.

„So kann das nicht weitergehen!", schimpfte Ralf der Rhesusaffe empört, allerdings mit so leiser Stimme, dass man ihn kaum verstehen konnte. Dabei blickte er immer wieder heimlich über die Schulter und kratzte sich nervös unter der Achsel.

„Ganz recht", bestätigte Sören der Sumpfhirsch wütend, aber flüsternd. „Jetzt nennt sie sich schon *Königin des Dschungels*. Jeden Monat erhöht sie die Steuern und neulich hätte sie beinahe meinen Jungen gebissen, einfach so!"

„Gibt es schon Nachrichten von unseren Außenagenten?", wandte sich Ralf leise flüsternd an Gunter den Gecko.

Das kleine Tier nickte nervös: „Sie haben einen ehemaligen Kriegselefanten ausfindig gemacht. Er nennt sich Zumbo der Zertrampler."

„Das klingt doch sehr vielversprechend", meinte Sören.

„Na ja, eigentlich müsste er Gumbo der Gierschlund heißen. Sein Preis ist höher als Cobas Halbjahressteuer ..."

„Hauptsache, er ist nicht so ein Reinfall wie Wüterich der Würger ...", knurrte Ralf der Rhesusaffe und warf dem kleinen Gecko einen grimmigen Blick zu.

„He, das hätte jedem passieren können", erwiderte Gunter.

„Der Typ war ein Büffel", schnaufte Ralf. „Hast du schon mal gesehen, wie ein Büffel eine Schlange würgt?"

„Immerhin war er ein wilder Büffel. Außerdem sah er so kampfeslustig aus, als er sagte: *Wenn ich eine Schlange sehe, fang ich augenblicklich an zu würgen!*", verteidigte sich Gunter.

„Na ja, er hat ja dann auch ganz kampfeslustig seinen ganzen Mageninhalt auf dem Boden verteilt, als Coba auftauchte", bemerkte Ralf mit säuerlicher Miene.

„Ach, hör auf zu lästern. Der Kragenbär, den du angeschleppt hast, war auch nicht viel besser", schimpfte der kleine Gecko. „Dieser angebliche Schlangenjägerprofi – Wie nannte er sich doch gleich? – Schnickschnack der Schlangenschreck machte sich vor Angst fast ins Fell, als er Coba sah."

„Woher sollte ich denn wissen, dass er sich auf Ringelnattern spezialisiert hatte?", verteidigte sich Ralf. „Der Kerl hatte wahrscheinlich in seinem ganzen Leben noch keine Kobra gesehen und schon gar nicht so eine riesige wie Coba."

Gunter verdrehte die Augen.

Sören der Sumpfhirsch griff ein, bevor die beiden sich weiter in ihren Streit hineinsteigern konnten. „Lassen wir doch die alten Geschichten", meinte er. „Wann und wo sollen wir denn diesen Zumbo treffen?"

„Morgen, an der Lichtung beim alten Mangobaum, und wir sollen die Bezahlung gleich mitbringen."

„Wird Zeit, dass wir uns verziehen", sagte Ralf. „Bald macht Coba ihren Kontrollkriechgang."

Die drei Freiheitskämpfer sahen sich so vorsichtig um, als rechneten sie jeden Moment damit, dass die Schlange hinter ihnen auftauchen würde. Dann machte sich jeder so unauffällig und leise wie möglich auf den Heimweg. Seitdem Coba die Kobra hier herrschte, schlichen alle nur noch leise und geduckt durch die Gegend.

Das ganze Unglück hatte vor ungefähr zwei Jahren begonnen. Der kleine Dschungel am Rande eines großen Sumpfgebietes war ein friedlicher und angenehmer Ort gewesen. Es gab weder Tiger noch Panther in dieser Gegend, und die Tiere, die hier lebten, waren vollkommen harmlos. Doch dann war Coba aufgetaucht, eine riesige Kobra, machtgierig, giftig und gemein. Innerhalb kürzester Zeit hatte sie eine wahre Schreckensherrschaft errichtet. Inzwischen verlangte sie, dass alle sie als Königin des Dschungels verehrten und Steuern an sie zahlten. Keiner traute sich, ihr offen entgegenzutreten.

Die wenigen, die an Widerstand dachten, trafen sich im Geheimen, doch leider waren alle Versuche, die böse Schlange zu besiegen, bisher erfolglos geblieben. Nun ja, vielleicht würde Zumbo der Zertrampler der Tyrannei endlich ein Ende bereiten.

Ralf war ziemlich aufgeregt, als er sich am nächsten Morgen mit einem schweren Beutel voller sündhaft teurer, mit Mangogelee gefüllter Sojakekse und zweihundert Bambustalern auf den Weg machte. Am vereinbarten Treffpunkt wartete Gunter der Gecko mit einem kostbaren Rüsselring aus Teakholz. Kurz darauf gesellte sich auch

Sören der Sumpfhirsch zu ihnen. Er zog einen mächtigen Sack voller feinster Bambussprossen hinter sich her. Sie nickten einander grüßend zu und warteten angespannt. Bald darauf begann die Erde unter ihren Füßen zu beben.

„Er kommt", flüsterte Gunter.

„Warum flüsterst du eigentlich?", flüsterte Ralf. „Bei dem Lärm werden vermutlich sämtliche Schlangen im Umkreis von 50 Meilen wach."

„Du flüsterst doch auch", flüsterte der Gecko zurück.

„Ich hab nur 'ne Fliege verschluckt", rechtfertigte sich Ralf.

Sören seufzte ergeben, aber leise. Seitdem Coba da war, sprach niemand mehr mit normaler Stimme. Die Furcht hatte sich tief in die Herzen der Tiere eingegraben.

Dann wurde ein grauer Schatten zwischen einigen Mangrovenbäumen sichtbar. Eine riesige Gestalt kam näher. Ralf schluckte, dann sprang er hektisch beiseite, als ein junger Bambus direkt neben ihm auf dem Boden aufschlug. Zumbo der Zertrampler latschte alles nieder, was ihm in den Weg kam. Mit offenen Mäulern starrten die drei zu ihm auf.

„Bist du der Affe?", dröhnte Zumbo der Zertrampler. Etwas beunruhigend war, dass er dabei kurzsichtig auf Sören den Sumpfhirsch hinabstarrte.

„Äh nein, der bin ich", meldete sich Ralf zu Wort. „Wir sind wirklich sehr dankbar, dass du gekommen bist und –"

„Wo ist mein Lohn?", schnaufte Zumbo. Irgendetwas klapperte seltsam, wenn er sprach, und Ralf konnte sehen, wie der Elefant mit seinem faltigen Rüssel routiniert ein elfenbeinfarbenes Gebissteil in seinem Maul zurechtrückte.

„Ich fürchte, unser Schlangenzertrampler ist nicht mehr der Allerfrischeste", flüsterte ihm Gunter aus dem rechten Maulwinkel zu.

„Das hast du sehr schmeichelhaft ausgedrückt", flüsterte Ralf zurück.

„Ist doch egal", mischte sich Sören ein, „in jedem Fall ist er groß genug, um es mit Coba aufzunehmen. Gib ihm den Lohn."

Ralf starrte zu dem Elefanten hinauf, der mit seinem Rüssel gerade liebevoll über die drei letzten Haare strich, die aus seinem verschrumpelten Schädel wuchsen. „Selbstverständlich haben wir die Bezahlung dabei", murmelte Ralf.

„Hä", machte Zumbo und hob seinen verstaubten rechten Ohrlappen.

„Hier ist dein Lohn!", rief Ralf.

Der Rüssel schnupperte an dem Beutel und die trüben Augen des greisenhaften Elefanten bekamen einen gierigen Glanz. Hastig raffte er die mühsam abgesparten Reichtümer zusammen und verstaute sie in einer uralten Bambustruhe, die er sich auf den Rücken geschnallt hatte. Dann schob er sich ein halbes Dutzend Sojakekse zwischen die spröden Lippen und mümmelte drauflos, dass die Gebissteile knirschten.

„Wo ischn der Feind?", fragte er mit vollen Backen.

„Cobas Lieblingshöhle liegt etwa zwei Meilen entfernt im tiefsten Dschungel. Sollen wir dich hinführen?", fragte Sören.

„Hä!"

„Folge uns einfach unauffällig!", rief Ralf.

„Aba schön leische", nuschelte Zumbo und legte noch ein paar Kekse nach.

Gunter verdrehte die Augen und sie zogen los. Der greise Elefant hinterließ dabei eine Spur der Verwüstung und machte mehr Lärm als eine Horde Brüllaffen. Nach zwei Meilen versteckten sich die drei Freunde im dichten Gebüsch. Ralf kletterte auf einen dicht belaubten Mangobaum. „Dort drüben unter dem Baumstumpf ist ihre Höhle", erklärte er direkt in den Ohrlappen des Elefanten hinein. „Aber du musst aufpassen; Coba ist sehr gefährlich."

„Hä? Bohrer, iss mir den Bär nich'?", fragte der fast taube Zumbo verblüfft. „Was ist denn das für ein Unsinn?"

„Nein, nein! Ich meinte: Coba ist GEFÄHRLICH!", rief Ralf in die vertrockneten Gehörgänge des Elefanten.

„Gefährlich? Natürlich bin ich gefährlich", schnaufte Zumbo beleidigt. „Ich bin ein Kriegselefant! Schaut her!" Er ließ ein ohrenbetäubendes Trompeten hören und stapfte los. Für einen Elefanten, der so alt war, dass er fast schon als versteinertes Fossil im Museum hätte rumstehen können, nahm er ganz ordentlich Tempo auf. Das bedeutete, dass er in der Lage war, mühelos einen Regenwurm zu überholen. Der Boden dröhnte, Bambusstämme splitterten unter seinen Füßen und ein harmloser Korallenbaum wurde einfach umgerannt. Zumbo der Zertrampler machte seinem Namen wirklich alle Ehre. Vielleicht hätte er sogar Coba beeindruckt, wenn er denn in ihre Nähe gekommen wäre. Leider aber wählte der kurzsichtige Kriegselefantengreis die falsche Richtung und verschwand mit donnerndem Getöse irgendwo im Dschungel.

Verzweifelt blickten die drei Gefährten einander in die Augen. Minutenlang sagte keiner etwas. Dann seufzte Gunter der Gecko: „Und was machen wir jetzt?"

„Dasss frag ich mich auch", zischte eine bösartige Stimme hinter ihnen.

Erschrocken fuhren die drei herum. „Co-co-co–", stammelte Ralf.

„Co ... Königliche Hoheit ...", flüsterte Sören mit zittriger Stimme.

Hastig verbeugten sich die Gefährten.

Eine riesige Kobra hatte sich um einen Ast geschlängelt und starrte böse auf die drei hinab.

„Ihr wissst nicht zssssufällig, wasss der hirnlose Trampel hier wollte?"

„Äh ..."

„Öh ..."

„Na ja ..."

Die Giftschlange kam so dicht an Ralfs Gesicht heran, dass ihre Züngelzunge fast in seinen Nasenlöchern kitzelte. „Ich rieche Verrat", zischte sie.

„T-t-t-tatsächlich?", fragte Ralf und versuchte, ein harmloses Lächeln aufzusetzen, das allerdings eher in einer dümmlichen Grimasse ausartete.

Die Schlange ließ sich plötzlich vom Ast fallen und Ralfs Herzschlag setzte beinahe aus.

„Morgen früh bringt ihr mir als Zssseichen eurer Treue die doppelten Monatsssabgaben. Oder ... ich hole mir eure Jungen, als meine persönlichen Leibsssklaven!" Ihre gelben Schlangenaugen fixierten die zitternden Gestalten: „Habe ich mich klar genug ausssgedrückt?"

„Unm-m-missverständlich, Gebieterin", stammelte Gunter.

„Es wird geschehen, w-w-wie Ihr sagt, Majestät", fügte Sören hastig hinzu.

Ralf sagte nichts; die Furcht schnürte ihm die Kehle zu.

Mit einem leisen, zischelnden Lachen wandte sich die Schlange ruckartig ab und verschwand lautlos im Dschungel.

Fluchtartig verließen die drei Freunde den düsteren Ort. Erst als sie in ihrem alten Versteck beim Teakbaum anlangten, machten sie halt. „Wir sind verloren", stöhnte Ralf und starrte in die entsetzten

Gesichter seiner Gefährten. „Zumbo der Zertrampler trägt unsere letzten Ersparnisse auf seinem verschrumpeltem alten Rücken davon."

„Bis morgen kriegen wir niemals die doppelte Monatsabgabe zusammen", flüsterte Sören mit gesenktem Kopf.

„Wir Vollidioten haben alles nur noch schlimmer gemacht", sagte Gunter mit heiserer Stimme.

Plötzlich knackte es im Unterholz. Erschrocken fuhren die drei herum, doch es war nicht Coba, die ihnen nachgeschlichen war. Stattdessen trottete ein vollkommen harmlos, aber etwas merkwürdig aussehendes Tier aus dem Gebüsch. Es erinnerte ein bisschen an einen Iltis, der sich den Pelz eines Frettchens übergestreift hatte.

„Grüß Gott, Jungs, wo isch denn des Schlängele?", meldete es sich mit merkwürdigem Akzent.

„Wer bist du denn?", fragte Sören und starrte etwas verwirrt auf den kleinen Kerl hinab.

„I bin Micha der Mungo. Und i hab mir denkt, i helf euch a bissle mit dem Schlängele. Des isch nämlich mei Berufung."

„Soll das heißen, *du* willst gegen Coba kämpfen?", entfuhr es dem Gecko."

„So isch's", erwiderte der Mungo und lächelte freundlich.

„Der Typ ist völlig irre", wandte sich Ralf kopfschüttelnd an Sören.

„Oder er will uns veräppeln", erwiderte der Sumpfhirsch.

„Noi, noi, des isch mei voller Ernscht. Also, wo wohnt denn des Schlängele?"

„Falls du es auch auf eine Belohnung abgesehen hast. Das kannste dir abschminken", bemerkte Gunter. „Dank Zumbo dem Zertrampler sind wir so blank wie ein frisch gerupfter Pleitegeier."

„Des isch koi Problem", erwiderte der Mungo freundlich. „Wie g'sagt, des Schlangejage isch mei Berufung. Ihr braucht net zu zahle."

Kopfschüttelnd sahen sich die Freunde an. „Das gibt's doch nicht. Dieser mutierte Minimarder will tatsächlich gegen Coba kämpfen", murmelte Ralf fassungslos vor sich hin.

„Wir reden hier nicht von einer harmlosen Blindschleiche, mein Freund", erklärte Sören. „Coba ist eine riesige Kobra. Sie ist blitzschnell und supergefährlich. So einen wie dich macht die mühelos fertig."

„Da kommt die nicht mal ins Schwitzen", ergänzte Ralf.

Der Mungo hatte freundlich lächelnd zugehört. „Machet euch um mi mol koine Sorge."

„Nimm's uns nicht übel, Micha", wandte Gunter sich an den Mungo. „Es ist nur so: Wir haben schon drei Schlangenjäger auf Coba angesetzt. Einer schien stärker und mächtiger als der andere zu sein, aber dann wollte oder konnte keiner von ihnen gegen sie kämpfen. Coba ist schon jetzt supermisstrauisch. Wenn sie nun noch herausbekommt, dass wir dich geschickt haben, wird sie uns in der Luft zerreißen."

„Von mir erfährt se's net", erwiderte Micha. „I kann schweige wie a Grab …"

„Sag so was lieber nicht", murmelte Ralf.

„Aber sie wird eich sowieso nichts mehr tun könne, wenn i sie erscht besiegt hab."

Gunter verdrehte die Augen, aber Sören meinte: „Was soll's! Wir haben ohnehin nichts mehr zu verlieren. Führen wir ihn zu Cobas Höhle."

„Ihr müsset mehr Vertraue han", sagte Micha.

Leise vor sich hinmurmelnd zogen die drei den Weg zurück zu Cobas Höhle. Je weiter sie kamen, desto nervöser wurden sie. Aber der kleine Mungo war frohgemut, es schien fast so, als wollte er fröhlich vor sich hinpfeifen.

„Da", flüsterte Ralf der Rhesusaffe und zeigte auf einen weit entfernten, morschen Baumstumpf. „Siehst du, wie ihre Schuppen glänzen? Sie nimmt gerade ein Sonnenbad."

„Sodele, dann woll'n mer mal schaffe gehe", sagte Micha und spazierte fröhlich auf die Schlange zu.

Kopfschüttelnd sahen die drei ihm hinterher. „Eigentlich ist er ja ein netter Kerl", meinte Gunter. „Schade, dass er völlig durchgeknallt ist."

„Ich wette, Coba macht Mungogeschnetzeltes aus ihm", meinte Sören bedauernd.

Inzwischen war der kleine Mungo bei der Schlange angelangt. Die Kobra hob ruckartig den Kopf und züngelte bösartig.

„Hallöle", grüßte Micha. „Was du machsch, isch net richtig. Du darfsch die andre net so underdrücke."

Das zischende Kichern der Kobra war bis zum Versteck der Freunde zu vernehmen. „Da müsssen die ssselbst ernannten Freiheitskämpfer ja sssehr verzweifelt sein.

Wenn sssie mir ssso eine Witzsssfigur wie dich schicken." Langsam glitt sie von dem Baumstamm hinunter.

„Mist!", wisperte Gunter.

„Also, wenn du jetzt Adele sagsch und gehsch, tu i dir nix ..."

Mit einem bösartigen Zischen stieß die Schlange blitzartig zu. Die Bewegung war so schnell, dass man sie kaum sehen konnte. Die drei Freunde zuckten erschrocken zusammen. Doch aus irgendeinem Grund war Micha der Mungo nicht mehr da. Er stand an einer anderen Stelle als noch eine Sekunde zuvor. Während er aufs Neue losplapperte, hustete Coba Staub aus. „Also, wie gsagd, des isch dei ledschde Chance. Entweder du gehsch in Frieden oder ..."

Wieder stieß Coba zu, diesmal noch schneller. Doch der Mungo sprang blitzartig beiseite. „Jetzt hör uf, so rumzuzugge", sagte er durch die aufgewirbelte Staubwolke hindurch, „und schieb dein' Buggel dohin, wo'd herkomme bisch."

Zischend vor Zorn ließ die mächtige Kobra ihren Kopf mit weit geöffnetem Maul vorschnellen ... und erwischte nur Luft, als sie es mit lautem Klacken wieder schloss.

Der Mungo war schon wieder schneller gewesen.

Ein wilder Kampf entbrannte. Voll rasender Wut schnappte Coba immer wieder nach dem plappernden Micha. Doch dieser war jedes Mal ein bisschen schneller. Plötzlich hockte er sogar im Nacken der riesigen Schlange, hielt sich mit seinen spitzen kleinen Krallen in der schuppigen Haut fest und meinte: „Des isch net gut für dein' Blutdruck, was du hier machsch ..."

Coba zischte hasserfüllt und schüttelte den kleinen Angreifer mit einer mächtigen Bewegung ab. Der Kampf ging weiter. Die Bewegungen wurden immer schneller, sodass die drei Freunde kaum sehen konnten, was genau geschah. Auf einmal richtete sich Coba zu ihrer ganzen Größe auf, ihre langen Giftzähne glänzten im Licht der Sonne.

„Au Backe", flüsterte Sören. „Jetzt ist sie aber sauer!"

Plötzlich ließ sie ihren Kopf blitzartig, mit aller Kraft vorschnellen und dieses Mal erwischte sie den flinken Mungo ... beinahe.

Erst im allerletzten Moment hechtete Micha beiseite und Coba prallte mit voller Wucht gegen einen Felsbrocken.

„Gut gemacht, Micha!", jubelte Ralf.
Coba rührte sich nicht. Es wurde ganz still auf der Lichtung.

Vorsichtig krochen die drei aus ihren Verstecken und beobachteten, wie Micha auf die Schlange zutapste.

Dann vernahm man einen lang gezogenen Klagelaut und der Kopf der Kobra richtete sich wankend auf. Erschrocken blieben die drei Freunde stehen.

„Meine fönen Fähne!", jammerte Coba. „meine fönen, farfen Giftfähne!"

„I hab's doch gsagt", seufzte der Mungo, und er klang beinahe so, als würde ihm die Schlange leidtun. „Warum hascht net höre wolle?"

„Au Backe", entfuhr es Sören, „ich glaube fast, Coba hat sich selbst die Giftzähne rausgeschlagen."

Ruckartig drehte sich der Kopf der Schlange und sie starrte den drei Freunden mit funkelnden Augen entgegen. Allerdings war der Effekt dieses Mal anders als gewohnt. Denn ohne Giftzähne wirkt auch der finsterste Blick einer Giftschlange wenig Furcht einflößend.

„Tatsache", staunte Gunter, „die selbst ernannte Königin des Dschungels ist zahnlos geworden."

„Na und?", fauchte Coba, „Fowaf kann flieflich jeden mal paffieren." Dann lispelte sie: „Daf ift ganf allein eure Fuld. Ihr habt einfach keinen Refpekt vor Flangen. Mir reichtf, ich geh jetzt." Und mit hoch erhobenem Kopf schlängelte sie würdevoll von dannen.

Mit offenen Mäulern sahen die drei Freunde ihr hinterher. „I denk mol, das Schlängele wird euch net mehr beläschdige, Freunde", meinte Micha. Er schob mit der Pfote die Giftzähne in ein rasch ausgehobenes Erdloch und verschloss es wieder. „Damit sich niemand verletscht."

Erst jetzt fiel den drei Freunden auf, dass sie sich noch gar nicht bei ihrem Retter bedankt hatten, aber das holten sie rasch nach. Jubelnd umarmten, drückten und knutschten sie den armen Mungo, bis der kaum noch Luft bekam. „Hurra! Du hast es tatsächlich geschafft!"

Micha ließ ein ersticktes Keuchen hören, als Ralf ihn vor Begeisterung fast zerquetschte.

„Wir dachten schon, dein letztes Stündlein hätte geschlagen", meinte Gunter.

„Wie gsagd, a bissle mehr Vertraue däd euch net schade", keuchte Micha schließlich, als der Rhesusaffe ihn endlich wieder losließ.

„Wie können wir dir nur danken?", fragte Sören.

„Mei Mägle knurrt wie a grummliger Kragebär. Habt ihr vielleicht a Flädlasüpple do?"

Das Volk Israel hatte mächtige Feinde, die Philister. Die waren ganz schön fies zu den Israeliten. Die Philister hatten eine große Armee und die Israeliten mussten sich ihnen stellen. Einer der Philister war ein gewaltiger Krieger. Allein seine Rüstung war so schwer, dass ein normaler Mensch dabei in die Knie gegangen wäre. Der Typ hieß Goliat und war wirklich furchterregend. Immer wieder forderte er die Soldaten Israels auf, sich ihm im Zweikampf zu stellen, aber alle hatten eine Mordsangst und niemand traute sich.

Eines Tages kam David, ein Hirtenjunge, vorbeispaziert. Als er mitbekam, wie Goliat die Israeliten und Gott beschimpfte und beleidigte, stellte er sich zum Kampf. Dabei war er weder Soldat noch besonders gut bewaffnet. Darüber hinaus war er auch noch ein paar Köpfe kleiner als Goliat. Aber David vertraute auf Gott und er besiegte Goliat.

Denn letztlich kommt es nicht auf große Kraft oder brutale Gewalt an, sondern darauf, dass wir Gott vertrauen.

Siehe 1. Samuel 17

Mannis
rollende Restschuldsammlung

Es war ein warmer, sonniger Frühlingsmorgen. Birgit die Biene war gerade sanft auf einem Veilchen gelandet, um sich mit Blütennektar einzudecken, als sie ein seltsam rumpelndes Geräusch vernahm. Als sie über ein Blütenblatt nach unten lugte, sah sie Manni den Mistkäfer, der mit gerunzelter Stirn und leise vor sich hin murmelnd eine beeindruckende Mistkugel vor sich herrollte.

„Morgen, Manni!", rief sie.

Doch der Mistkäfer konnte sie nicht hören. Seine Mistkugel rumpelte zu laut. Außerdem war er abgelenkt. Grimmig auf seine Kugel starrend, brubbelte er: „Mistkerl hat er mich genannt, der Doofkopp. Mistkerl, ha! Dabei habe ich ihn nur höflich auf seine Fehler aufmerksam gemacht. Das hat man nun von seiner Hilfsbereitschaft …"

Plötzlich entstand Bewegung in einem Grasbüschel direkt neben der Kriechtier- und Insektenschnellstraße, auf der der Käfer sich gerade entlangbewegte.

„Komm sofort zurück!", hörte man eine tiefe Stimme rufen. Dann flitzte ein kleiner Hirschkäfer aus dem Büschel hervor. Mit schmollend vorgeschobenem Unterkiefer rannte er direkt vor Mannis Kugel über die Straße.

„Hey, das hier ist ein Schwerlasttransport", beschwerte sich Manni. „Ich habe Vorfahrt!"

Der Kleine ignorierte ihn. Dafür wackelte das Grasbüschel, als hätte sich ein Monster darin verfangen.

„Ich hab gesagt, du sollst zurückkommen!", brüllte ein mächtiger Hirschkäfer und brach aus dem Grasbüschel hervor wie ein wütender Tyrannosaurus Rex aus einem urzeitlichen Wald. Er donnerte die Böschung hinab und rannte Manni beinahe über den Haufen, als er dem Kleinen folgte und ihm hinterherrief: „Wenn du in Mathe eine Fünf nach Hause bringst, darfst du nicht zum Milben-Memorie. So war die Vereinbarung!"

Der Hirschkäferpapa verschwand auf der anderen Seite der Insektenstraße hinter einem Löwenzahnblatt. Kopfschüttelnd sah Manni der Mistkäfer ihm hinterher. „Unverschämtheit", gab er von sich. Dann riss er ein Stück Blatt von einem Gänseblümchen und begann, mit dunkler Erde etwas darauf zu kritzeln. Anschließend nahm er eine Kralle voll Kuhfladen aus seiner Umhängetasche und klatschte damit das beschriebene Blatt an seine Mistkugel.

Birgit die Biene, die alles aus luftiger Höhe beobachtet hatte, runzelte die Stirn: „Sag mal, Manni, was machst du da eigentlich?"

Manni sah nach oben. „Ich führe Buch", erklärte er.

„Du machst was?", fragte Birgit.

„Wir Mistkäfer sind für unseren Gerechtigkeitssinn berühmt", erläuterte Manni.

„Ach so", sagte Birgit, der diese Tatsache bisher entgangen war.

„Ich schreibe alles auf, was ich an Ungerechtigkeit beobachte. Diese beiden hektischen Hirschkäfer haben nicht nur die Verkehrsregeln gebrochen, sie waren auch noch unhöflich und hätten mich beinahe umgerannt. Aber ich hab alles notiert. Jeder, der sich etwas zuschulden kommen lässt, kommt in meine Datei. Das hier" – er klopfte beinahe liebevoll auf seine Mistkugel – „ist nämlich Mannis rollende Restschuldsammlung!"

„Heißt das, diese fette Kugel besteht aus lauter Schuldscheinen?", rief Birgit erstaunt.

„So ist es!" Manni nickte selbstzufrieden.

„Das ist aber ein ... ungewöhnliches Hobby", meinte Birgit.

„Es ist mehr als ein Hobby, es ist meine Lebensaufgabe. Ich hab sogar ein Lied darüber geschrieben:

Die Welt ist furchtbar ungerecht,
die meisten Leute sind voll schlecht.
Deshalb schreib ich alles auf
und klatsch es auf die Kugel drauf.
Erst wenn die Schuld ist voll beglichen,
wird man hier wieder rausgestrichen."

„Oh", sagte Birgit, da sie nicht wusste, was sie sonst sagen sollte.

Manni nickte ihr zum Abschied zu: „Ich muss dann mal weiter." Er stemmte sich mit beiden Vorderklauen kräftig gegen die Mistkugel und brachte seine rollende Restschuldsammlung wieder in Gang. Sand knirschte unter dem Gewicht der Kugel. Im Weggehen teilte er der Biene noch mit: „Du hast übrigens auch ein paar Einträge!"

„Ich?", fragte Birgit verdutzt. „Was habe ich denn getan?"

„Hab alles notiert!", rief Manni über das Rumpeln seiner Mistkugel hinweg. „Aber es ist schon eine Weile her und nun kleben ungefähr 2.000 neue Schuldscheine darüber. Wenn ich mich recht erinnere, hast du mich zum Beispiel zweimal nicht gegrüßt und einmal Blütenstaub auf meine Frisur fallen lassen."

„Blütenstaub ... auf die Frisur ...? Aber davon weiß ich gar nichts!", stammelte Birgit, „He, Manni!", rief sie ihm hinterher, „tut mir leid!"

Aber offensichtlich hatte der Mistkäfer sie über dem Lärm seiner rollenden Restschuldsammlung nicht vernommen. Jedenfalls reagierte er nicht auf sie und verschwand gleich darauf hinter einem moosbewachsenen Kieselstein.

Einige Monate zogen ins Land, bevor Birgit die Biene Manni den Mistkäfer wiedersah. Das lag wohl überwiegend daran, dass Birgit umherflog und sich mit Blütenstaub beschäftigte, während Manni herumkroch und sich mit Mist beschäftigte.

An einem schönen Spätsommerabend sah sie ihn dann wieder. Sie bemerkte ihn sogar schon von Weitem oder besser gesagt: Sie sah seine rollende Restschuldsammlung schon von Weitem. Die Mistkugel war inzwischen gigantisch angewachsen, sie war schon so groß, dass man den Mistkäfer dahinter zunächst gar nicht sehen konnte. Zudem rumpelte sie dröhnend über die Wiese wie ein altersschwacher Traktor auf dem Weg zum Schrottplatz.

Neugierig flog Birgit näher und sah sich das Ganze aus der luftigen Höhe einer Mohnblume an. Die Kugel hinterließ einen hässlichen, braunen, feucht schimmernden Streifen auf der Wiese. Braun vom Mist und feucht von Mannis Schweißtropfen. Überhaupt sah der Mistkäfer gar nicht gut aus. Er war abgemagert und seine Augen lagen tief in den Höhlen. Der Schweiß lief ihm vor Anstrengung in Strömen über das Gesicht und seine Mundwinkel hingen so tief, dass er beinahe mit seinen Fußklauen darin hängen blieb. Misstrauisch wanderte sein Blick hin und her, als warte er nur darauf, dass irgendwo jemand auftauchen würde, der sich etwas zuschulden kommen ließ.

„He, Manni, wie geht's dir?", rief Birgit ihm zu und flog tiefer. „Alles klar?"

Manni blickte auf, rollte jedoch die Kugel weiter, sodass Birgit neben ihm herfliegen musste. „Alles klar?!", schnaubte er. „Was ist denn das für eine dämliche Frage? Nichts ist klar! Die ganze Welt ist schlecht! Hier!" Er wies auf die riesige Kugel. „Das sind exakt 349.187 Schuldscheine und ich habe noch nicht einmal alles aufgeschrieben. Allein Gerhard der Grashüpfer hat noch 44 offene Schuldscheine bei mir: Sechsmal hat er mich angelogen, zweimal hat er ‚Mistbacke' zu mir gesagt, dreimal hat er mich beim Rindenroulette betrogen (auch wenn ich es ihm nur für einmal beweisen kann). Zehnmal hat er behauptet, alle Mistkäfer wären miesepetrig und ..."

„Äh, Manni", unterbrach ihn Birgit, „was machst du da eigentlich?"

„Ich rede mit dir", erwiderte Manni und schielte leicht gekränkt zu ihr hinauf.

„Das meine ich nicht", sagte Birgit. „Warum rollst du 349.184 mit Kuhfladen und Pferdeäpfeln zusammengekleisterte Schuldscheine durch die Gegend? Und –"

„349.187", korrigierte Manni.

„Okay, dann eben 349.187", erwiderte Birgit. „Aber was soll das Ganze überhaupt? Du siehst ja schon völlig entkräftet aus."

„Du verstehst das nicht", sagte Manni und stemmte sich mit aller Macht gegen seine Kugel, um sie über eine Wurzel zu rollen. „Es geht ... um ... Gerechtigkeit!", keuchte er.

„Um Gerechtigkeit. So, so", Birgit hob die Brauen. „Was schulde *ich* dir denn?"

„Huuha!", rief Manni und wuchtete die Kugel über die Wurzel. Dann seufzte er, wischte sich über die Stirn und meinte: „Seitdem wir uns kennen, ist schon einiges zusammengekommen. Ich fass mal zusammen:

Nicht gegrüßt: achtmal.

Lieber mit Gerhard als mit mir gesprochen: sechsmal.

Mich beim Fliegen mit dem Flügel geblendet: zweimal.

Blütenstaub in der Frisur: zweimal.

Geburtstag vergessen: einmal."

Birgit nickte ernst. Dann sagte sie: „Es tut mir aufrichtig leid, dass ich dich nicht gegrüßt habe und dass ich unaufmerksam dir gegenüber war. Ich gratuliere dir nachträglich zum Geburtstag und zahle dir das Shampoo für die Blütenstaubentfernung! Kannst du mir bitte verzeihen?"

Manni blieb stehen und starrte die Biene verblüfft an. Er war so verdutzt, dass er gar nicht darauf achtete, wie seine Kugel weiterrollte. „Du entschuldigst dich?", fragte er nach einer Weile ziemlich lahm.

„Ja", sagte Birgit, „von Herzen."

„Oh." Manni kratzte sich am Kopf.

„Ist jetzt alles in Ordnung zwischen uns?", fragte Birgit.

„Äh, na ja, fürs Erste schon, denke ich", murmelte Manni. Dann blickte er auf und rief: „Mist, die Kugel!", und hetzte hinter seiner davonrollenden Restschuldsammlung her. Er wirkte ganz erleichtert, als er sie wieder eingeholt hatte. Beschwingt gab er ihr einen Stoß.

Birgit folgte ihm: „Wirst du meine Schuldscheine jetzt vernichten?"

„Vernichten? Wo denkst du hin?!", fragte Manni ganz erschüttert.

„Hast du mir denn nicht vergeben?", fragte Birgit.

„Vergeben schon", sagte Manni und tippte sich an die Schläfe, „aber nicht vergessen."

„Aha." Birgit runzelte die Stirn und blickte Manni hinterher, der seine Kugel immer schneller davonrollte ... Ein bisschen zu schnell, wie ihr irgendwann auffiel. Schließlich so schnell, dass er nicht mehr mitkam. Weil die Kugel so groß war, hatte Manni übersehen, dass er auf eine Bodensenke zugesteuert war. Und nun sauste die rollende Restschuldsammlung in beeindruckendem Tempo abwärts.

Manni spurtete hinterher. „Haltet sie auf!", brüllte er einer Truppe Ameisen zu.

Doch die Ameisen dachten gar nicht daran. „Wir sind doch nicht lebensmüde!" Die ganze Kompanie hechtete hektisch zur Seite, als sie den Koloss auf sich zurollen sah.

„Hilfe! Meine Daten!", kreischte Manni. Stolpernd und ängstlich mit den Fühlern fuchtelnd, rutschte er den Abhang hinab.

Schließlich langte die Kugel unten an und rollte sich langsam aus. Wenig später schloss der erleichterte Manni sie prustend und nach Atem ringend in seine sechs Arme.

Birgit flog kopfschüttelnd zu ihm hinunter. „Manni, ich glaube, du hast ein ernsthaftes Problem."

„Wieso Problem? Ist doch noch mal gut gegangen."

„Du hast sogar zwei ernsthafte Probleme", korrigierte Birgit sich selbst: „Erstens: Du hast dich in einen Haufen Schuldscheine verliebt – das *ist* ein Problem, glaube mir! Und zweitens" – sie blickte vielsagend den steilen Abhang empor – „du wirst dich von ihr trennen müssen, wenn du nicht für den Rest deines Lebens in dieser Bodensenke leben möchtest."

„Oh!", Manni folgte ihrem Blick und sein Gesicht vollzog eine beeindruckende Wandlung. Die Erleichterung verschwand und er klappte verblüfft den Mund auf. Nun sah er ziemlich überrascht und auch ein bisschen dämlich aus. Dann klappte er den Mund wieder zu und runzelte die Stirn. Sein Blick verfinsterte sich und er hob entschlossen das Kinn. „Ein Mistkäfer gibt nicht auf", knurrte er schließlich. „Ich verlasse diese Senke nicht ohne meine Restschuldsammlung!"

Er stemmte sich gegen die Mistkugel. Dabei machte er eine Menge Geräusche. Er prustete, stöhnte, keuchte und fluchte – mehr geschah allerdings auch nicht. Die Kugel bewegte sich keinen Millimeter von der Stelle; es ging viel zu steil bergauf. „Hilfst du mir?", fragte er Birgit.

„Ganz bestimmt nicht", erwiderte die Biene mit traurigem Lächeln. „Je eher du das grässliche Ding loswirst, desto besser!"

Mannis Gesicht verfinsterte sich zusehends.

„Vermutlich wird mir das einen neuen Schuldschein bei dir einbringen", seufzte Birgit. „Aber ich empfehle dir, erst einmal auf ihn zu verzichten, sonst wird die Kugel noch schwerer."

Im selben Moment begann es zu regnen. Dicke Tropfen klatschten auf die Erde. Birgit ging unter einem Löwenzahnblatt in Deckung.

Wenn es möglich gewesen wäre, hätte sich Mannis Gesicht noch mehr verfinstert. Aber es war schon so finster, dass es nicht mehr finsterer werden konnte. Er beachtete den Regen nicht. Wütend stemmte er sich gegen die Kugel – und tatsächlich: Sie bewegte sich einen halben Millimeter aufwärts. Vor Anstrengung zitterte Manni wie ein Grashalm, auf den eine Elefantenherde zumarschiert, und die Geräusche, die er von sich gab, ähnelten dem Kampfgeschrei eines japanischen Sumoringers. Die Kugel rollte noch einen Viertelmillimeter nach oben.

Und dann schien auf einmal tatsächlich eine Elefantenherde näher zu kommen. Der Boden zitterte und es dröhnte. Birgit stieß einen erschrockenen Schrei aus und Manni lugte mit hochrotem Gesicht hinter seiner Restschuldsammlung hervor.

Durch den dichten Regenvorhang hindurch sah man ein riesiges dunkles Etwas am Rande der Senke erscheinen. Birgit glaubte fast, ein Komet sei auf die Erde gestürzt und rolle nun auf sie zu. Dann hielt das Ding plötzlich an. Es war eine gigantische Mistkugel, gegen die Mannis Restschuldsammlung wie eine winzige Murmel wirkte.

„Manni Mistkäfer", meldete sich eine blecherne Stimme, „jede Flucht ist zwecklos. Die Senke ist komplett von den Mitarbeitern der obersten Mistkäfer-Schuldenbehörde umstellt."

Birgit warf Manni einen fragenden Blick zu. Dieser trat zerknirscht hinter seiner Kugel hervor, die daraufhin wieder einen Dreiviertelmillimeter nach unten rutschte. „Tja", meinte Manni, „kann schon sein, dass sich die eine oder andere Sache bei mir angesammelt hat."

„Mistkäfer-Schuldenbehörde? Angesammelt?", stotterte Birgit. „Willst du damit sagen, dieses Monstrum da ... das sind alles *deine* Schulden?"

Manni senkte den Kopf und kratzte sich verlegen mit dem rechten Fühler am linken Ohrläppchen. „Na ja ... die Jungs von der

Mistkäfer-Schuldenbehörde nehmen es ziemlich genau ..."

Ein Mistkäfer, der in seinem hellgrauen Anzug und mit seiner dunklen Krawatte um den Hals unschwer als Chefkäfer zu erkennen war, trat neben die gigantische Mistkugel. Er hatte ein Megafon in der Hand und wurde von mindestens einem Dutzend muskelbepackter Blatthornkäfer in maßgeschneiderten Anzügen begleitet. „Manni Mistkäfer, du hast bereits die dritte Mahnung verstreichen lassen. Komm mit mindestens zwei erhobenen Armen aus der Bodensenke und begleiche deine Schulden oder ...!"

Bedeutungsvolle Stille senkte sich über die Senke. Nur der Regen prasselte weiter auf den Boden, als ginge ihn das nichts an (was ja genau genommen auch stimmte).

„Oder was?", flüsterte Birgit Manni zu.

Der Mistkäfer schluckte: „Oder ich komme in den Schuldenturm, bis sämtliche Schulden beglichen sind."

„Au Backe, das hört sich irgendwie nicht gut an", meinte Birgit.

„Ist es auch nicht", erwiderte Manni kleinlaut.

„Zum letzten Mal", rief der Chefkäfer mit dem Megafon, „begleiche deine Schulden!"

Ein seltsam schmatzendes Geräusch erklang. Es hörte sich an, als würde ein Ochsenfrosch einem Lurch 'nen Knutschfleck verpassen. In Wahrheit war es aber der aufgeweichte Boden, der unter der Last der riesigen Schuldendatei nachgab. Die gigantische Mistkugel geriet ins Wanken.

„Oh, oh", sagte Birgit.

Die muskelbepackten Blatthornkäfer wurden mit einem Mal ganz aufgeregt und versuchten, das Riesending festzuhalten – vergebens! Die Kugel sackte ab, kippte dann vornüber und rollte mit Donnergetöse, eine Schlammlawine vor sich her schiebend, die Senke hinab.

„Nichts wie weg hier!", schrie Birgit über den Lärm hinweg. Aus den Augenwinkeln sah sie, wie Manni sich gegen seine Kugel stemmte, um sie aus der Gefahrenzone zu wuchten.

„Bist du irre?! Lass endlich deine dämliche Restschuldsammlung zurück, sonst macht dich die Monstermurmel platt wie 'n Blatt!"

Einen Augenblick zögerte Manni, dann sah er Birgit in die Augen. „Du hast recht! Ich bin ein Idiot."

„Natürlich habe ich recht!", schrie Birgit. „Nimm meine Kralle, sonst bist du gleich ein ziemlich flacher Idiot!"

Manni entfaltete seine dicken Flügelchen und versuchte abzuheben, aber der Regen behinderte ihn. Das Donnern der Monsterschuldensammlung dröhnte in ihren Ohren. Sie konnten schon den herabstürzenden Mist riechen. Hektisch wich die Biene den herabfallenden Regentropfen aus, bekam Mannis Fühler zu packen und zerrte ihn im allerletzten Moment aus der Gefahrenzone. Dann traf sie ein fetter Tropfen auf die Flügel, sie kam aus dem Gleichgewicht und schmierte ab. Klatschend schlug sie auf dem weichen Boden der Senke auf, Manni landete direkt neben ihr.

Als sich Birgit hektisch umwandte, sah sie die Restschuldsammlung der obersten Mistkäfer-Schuldenbehörde auf sich zukommen wie ein urzeitliches Monster. *Oh nein,* fuhr es ihr durch den Kopf. *Das ist das Ende! Morgen steht in der Wiesenzeitung: Biene von Schuldscheinen und Kuhfladen zu Tode gequetscht!*

Es gab ein gewaltiges Krachen. Die Schuldendatei stoppte abrupt. Sie war gegen Mannis kleinere Kugel geprallt und hatte diese platt gewalzt. Das riesige Ding blieb wackelnd stehen, bekam Risse und fiel schließlich mit einem matschigen Geräusch in sich zusammen.

Schuldscheine und Dung lagen wirr durcheinander und bildeten einen gewaltigen Misthaufen! Nur wenige Millimeter von Manni dem Mistkäfer und Birgit der Biene entfernt.

Mit weit aufgerissenen Augen starrte Manni auf das Chaos.

„Glaub nicht, dass ich dir beim Sortieren helfe", meinte Birgit schließlich und kroch ein Stück von dem stinkenden Misthaufen weg.

„Wird auch nicht nötig sein", sagte Manni. „Ich habe gerade beschlossen, dass alle Schulden, die irgendjemand jemals bei mir hatte, vergeben und vergessen sind." Zögernd blickte er zu ihr auf: „Kannst du mir denn auch verzeihen?"

Birgit reichte ihm grinsend die Kralle. „Klar!"

Manni ließ sich aufhelfen und lächelte zum ersten Mal, seit Birgit ihn kannte. Allerdings erlosch sein Lächeln gleich wieder, denn plötzlich stand der Chefkäfer im grauen Anzug vor ihnen. Er hob die Brauen: „Du hast deinen Schuldnern all ihre Schulden erlassen?"

Manni senkte den Kopf: „Ja."

„Und nun hättest du wohl gerne, dass ich das Gleiche mit deinen Schulden mache?"

Manni blickte zerknirscht zu ihm auf. „Um ehrlich zu sein, ja."

Plötzlich grinste der Chefkäfer bis über beide Backen und sah gar nicht mehr so streng aus. „Und ich dachte schon, du kapierst es nie." Dann umarmte er den verdutzten Manni und klopfte ihm auf die Schulter. „Na, wie fühlt man sich als komplett schuldenfreier Mistkäfer?"

„Äh", Manni lächelte verlegen. „Irgendwie … na ja … ziemlich cool." Dann stotterte er: „Danke!"

Der Chefkäfer nahm das Megafon und brüllte zu den Blatthornkäfern: „Alles klar, Jungs, Mission erfolgreich beendet."

Die ganze Truppe brach in Jubel und Klatschen aus.

Dann hakte er sich bei Manni und Birgit ein und meinte: „Und jetzt lasst uns bei einem schönen warmen Pfefferminztee darüber sprechen, worauf es im Umgang mit Schuld wirklich ankommt."

„Und was passiert damit?", fragte Birgit und deutete auf den riesigen Misthaufen.

„Das Allerbeste, was mit getilgten Schulden passieren kann", erwiderte der Käfer lächelnd. „Sie ergeben einen hervorragenden Dünger. Ihr werdet staunen, schon bald werden hier die allerschönsten Blumen wachsen."

„Tatsächlich?", staunte Birgit die Biene. „Na, dagegen habe ich ganz gewiss nichts."

Damit zogen sie davon. Selten hat man drei Insekten so fröhlich und entspannt im Regen spazieren gehen sehen.

Jesus sagte zu seinen Jüngern: Leute, wenn einer Mist gebaut hat und fies zu euch war, dann vergebt ihm. Denn wenn ihr die Schuld der anderen dauernd anrechnet, könnt ihr Gottes Vergebung für den Mist, den ihr selbst gebaut habt, nicht empfangen.

Nach Matthäus 6,14–15

Onkel Benedikts Vermächtnis

Überrascht schob Bodo der Borkenkäfer seine Eichenmehlsuppe beiseite, als jemand laut an seine Borkenbude klopfte. „Nanu", brummte er und öffnete die Tür, um nachzusehen, wer ihn so früh am Morgen störte.

„Hallöchen, hallöchen. Ich habe hier einen Brief für dich, alter Knabe", flötete die Postfliege.

Verdutzt krabbelte Hugo aus seinem Loch. „Einen Brief?"

„Na, wenn ich's doch sage. Für Bodo den Borkenkäfer steht drauf. Hier." Kurzerhand stopfte die Fliege den Briefumschlag in Bodos erstaunt geöffnetes Maul und sauste davon.

Bodo starrte ihr einen Augenblick lang verdutzt hinterher. Mit dem Brief zwischen seinen Kauleisten sah er nicht gerade intelligent aus. Das bemerkte auch Amelie die Ameise, die fröhlich lachend den Baum emporgekrabbelt kam.

„Na, Bodo, mal Appetit auf etwas anderes?"

„Waf?", fragte Bodo, noch immer mit dem Brief zwischen den Zähnen. Dann besann er sich, kroch zurück in sein gemütliches

Heim und nahm den Brief in die Klauen.
„Komm rein", rief er Amelie zu.

Noch während die Ameise hereinkrabbelte, öffnete Bodo das mit Baumharz verklebte Kuvert und begann zu lesen. *Testament von Benedikt Borke,* stand dort in großen Lettern und darunter:

Mein lieber Neffe Bodo ...

„Komisch", meinte Bodo, „ich kann mich gar nicht an einen Onkel Benedikt erinnern."

„So etwas kommt in den besten Familien vor", meinte Amelie. „Was schreibt er denn?"

Bodo las laut vor:

Leider ist von meinem Besitz nichts übrig, das ich Dir vererben könnte. Ich brauchte nämlich alles selber. Aber ich habe einen guten Rat für Dich. Hör genau zu: Nimm mit, was Du kriegen kannst, bevor es mit Dir zu Ende geht. Das Leben ist kurz und Du solltest niemals auf etwas verzichten. Denn es gibt nur einen, der sich wirklich um Dich kümmert, und das bist Du selbst. Vertrau mir, denn ich mach's genauso.

Mit gruftigen Grüßen
Dein verstorbener Onkel Benedikt

„Hm", machte Bodo, während in seinem Kopf die Worte seines Onkels herumspukten. *Das Leben ist kurz und du solltest niemals auf irgendetwas verzichten.* Irgendwie war da was dran.

„Nimm's mir nicht übel, Amelie", sagte er schließlich. „Aber ich muss nachdenken. Wir sehen uns dann morgen, okay?"

„Wie du meinst", erwiderte die Ameise, als sie hinauskrabbelte. Sie klang ein wenig enttäuscht. Schließlich hatte Bodo sich gestern Abend mit ihr auf eine Partie Blattläusequartett verabredet. Und Amelie liebte Blattläusequartett.

Den ganzen Tag lang latschte Bodo in seiner kleinen Borkenbude auf und ab und grübelte vor sich hin. Selbst nachts, als Ruhe einkehrte und alle seine Nachbarn längst friedlich in ihren Betten schnarchten, fand er keine Ruhe. Auf einmal erschien ihm sein ganzes bisheriges Leben langweilig und vergeudet. Seine Welt war so klein. Er war auf diesem Baum geboren worden und hatte ihn noch nie verlassen. Bislang hatte er auch keinen Anlass dazu gehabt. Es gab genug zu fressen, er hatte eine gemütliche kleine Bude in der dicken Baumrinde und Freunde, mit denen er seine Zeit verbringen konnte. Aber je länger er darüber nachdachte, desto unzufriedener wurde er. Amelie die Ameise, Randolf die Raupe und Stella die Stechmücke waren ja wirklich nett, aber alles in allem auch ein bisschen gewöhnlich und außerdem manchmal ziemlich anstrengend. Und es gab noch so vieles, das er noch nicht erlebt hatte.

Als Bodo dann am nächsten Morgen aus dem Bett plumpste und müde in die Küche schlurfte, beschloss er, dem Rat seines Onkels zu folgen. Er fing gleich damit an, dass er zum Frühstück alle seine Lieblingsspeisen auf einmal aß. Und während er Birkenpizza mit Weidenrindenmüsli und Kiefernadelomelett in sich hineinschaufelte, schwor er sich, niemals wieder auf irgendetwas zu verzichten. Er schlachtete seine selbst geschnitzte Sparmade aus Kiefernholzspänen und stopfte seine gesamten Ersparnisse in seinen Eichenblattbrustbeutel. Noch ganz benommen von seinem Vorsatz (und seinem etwas merkwürdigen Frühstück) öffnete er die Tür seiner Borkenbude und trat nach draußen. Zu seiner Überraschung warteten dort auf einem Ast direkt neben seiner Wohnung schon seine drei besten Freunde auf ihn.

„Na, du Langschläfer", brummte Randolf gutmütig.

„Guten Morgen, guten Morgen", summte Stella die Stechmücke aufgeregt.

„Machst du wieder mit uns Frühsport?", fragte Amelie fröhlich. „Randolf hat extra seine Walking-Nadeln mitgebracht.

Die dicke Raupe zeigte stolz auf ein halbes Dutzend abgebrochene Kiefernadeln, die er sich unter ein paar Arme geklemmt hatte.

„Tut mir leid, Leute", erwiderte Bodo. „Ich habe keine Zeit. Ich muss nämlich das Leben genießen."

„Häh?", machte Randolf die Raupe, und Amelie die Ameise runzelte die Stirn.

„Ab heute wird sich alles ändern", verkündete Bodo. „Onkel Benedikt hat vollkommen recht: Ich habe genug verzichtet. Jetzt muss ich auch mal an mich denken."

„Aha", machte Randolf.

„Oh nein", murmelte Amelie.

„Wie? Was?", fragte Stella und surrte in verwirrten Kreisen um ihre Freunde herum. „Ich kapier überhaupt nichts."

„Das liegt daran, dass du nie zuhörst!", sagte Bodo wütend. Er ärgerte sich, dass seine Freunde so wenig begeistert auf seine Ankündigung reagierten. „Und hör endlich auf, immer so herumzusummen", fügte er knurrend hinzu. „Das macht mich noch ganz wuschig."

„Aber ... aber ich summe doch immer, wenn ich mit den Flügeln schlage", meinte Stella verblüfft.

„Dann hör eben auf, mit den Flügeln zu schlagen!", rief Bodo genervt.

Einen Moment lang schwebte Stellas verdutztes Gesicht direkt vor Bodo, als sie tatsächlich das Flügelschlagen einstellte. Dann sauste die Mücke dicht am Ast vorbei in die Tiefe und man hörte ihren lang gezogenen Schrei: „Ich faaaaaaalle."

„Au Backe", sagte Randolf.

„Bist du völlig übergeschnappt?", fauchte Amelie Bodo an. „Du weißt doch, dass Stella nicht die Hellste ist und immer alles wörtlich nimmt. Los, wir müssen runter, ihr helfen."

„Ach, die wird sich schon wieder fangen", wiegelte Bodo ab. Ihm war nicht ganz wohl bei der Sache, aber er redete sich ein, dass es nicht sein Fehler sei.

„Das kann doch nicht dein Ernst sein", empörte sich Amelie.

Doch Bodo verschränkte die Vorderbeine und blickte trotzig an ihr vorbei. In Wirklichkeit wusste er bloß nicht, was er sagen sollte, aber das konnte er ja nicht zugeben.

„Bodo", sagte Amelie ernst. „Du lässt deine besten Freunde im Stich. Hat dir denn dein Onkel mit seinem blöden Brief dermaßen den Kopf verdreht?"

Bodo schwieg.

„Nun gut, wie du willst", sagte Amelie. „Komm, Randolf, wir gehen."

Bodo musste schon ein wenig schlucken, als seine besten Freunde ihm den Rücken zukehrten. Aber dann dachte er an Onkel Benedikt, wischte alle Zweifel beiseite und krabbelte in die entgegengesetzte Richtung davon. Er hatte noch viel vor.

Zum ersten Mal in seinem Leben verließ er den Baum, auf dem er geboren wurde. Er hatte ein merkwürdiges Gefühl in der Magengegend, als er über den Waldboden davonkrabbelte. Zunächst war alles ein bisschen unheimlich, doch schon bald entdeckte er so viel Interessantes, dass er gar nicht mehr an sein Zuhause dachte.

Plötzlich blieb er stehen. Unter einer knorrigen Baumwurzel hindurch blinkte ihm in riesigen Leuchtbuchstaben ein Schriftzug entgegen:

Dein Weg zum Glück!
Ralf Ratzekahls rattenscharfer
Riesenrummel

Rasch zerrte Bodo seinen Eichenblattbrustbeutel hervor und trat an die auf Hochglanz polierte ausgehöhlte Kastanie, in der eine als Clown verkleidete Speckmade Eintrittskarten verkaufte.

Er schluckte, als die breit grinsende Made ihm den Preis nannte. Aber dann sagte er sich: *Was soll's, man lebt nur einmal.*

Der Rummel wimmelte nur so von Insekten. Überall waren Buden aufgebaut. Es roch nach Honigwatte und Holunderblütenwein. Bodo stürzte sich ins Vergnügen. Er fuhr mit der Wasserkäferbahn, sauste mit dem Wanzenbob die Smartierollenrutsche hinab und leistete sich einen Rundflug mit der Brummel-Hummel. Dann hatte er Hunger und gönnte sich ein feines Zedernrindenfilet vom Grill.

Bodo genoss den Rummel in vollen Zügen. Als Nächstes fuhr er mit der gruseligen Spinnentierbahn, bei der man zum Schluss durch einen Nebel aus künstlichem Insektenspray fuhr.

Als es Abend wurde, mietete er sich eine Korkengondel und ließ sich von einem singenden Weberknecht über den romantischen Mückentümpel fahren.

Sein Kopf schwirrte von all den Erlebnissen. Er konnte eigentlich kaum noch klar denken, aber er beschloss: *Hier bleibe ich!*

Bodo, sagte er zu sich selbst, *ab heute ist Ralf Ratzekahls rattenscharfer Riesenrummel dein neues Zuhause! Und du wirst alles ausprobieren und jede Sekunde genießen.*

Nach fünf Tagen Rummel stellte Bodo allerdings fest, dass er sich hin und wieder ein bisschen leer fühlte. Nicht weil er nichts zu essen hatte – ganz im Gegenteil, er aß so viel, dass sein Magen schon am Morgen Stretchingübungen machte, um alles verdauen zu können. Nein, Bodo hatte das Gefühl, dass ihm irgendetwas Wichtiges fehlte, obwohl sein ganzer Tag mit Vergnügungen voll gestopft war. Offensichtlich war es gar nicht so einfach, das Leben zu genießen und auf nichts zu verzichten.

Schließlich landete Bodo, ohne es recht zu bemerken, in den etwas schmuddeligeren Ecken des Rummels. Er betrat eine Kneipe mit dem vielversprechenden Namen „Sprunzes Spelunke".

Drinnen war es dunkel und rauchig. Der Geruch von gegorenem Blütennektar und Zapfenschnaps lag in der Luft. Dunkle Gestalten saßen an Ahornblatttischen, lachten und prosteten sich zu.

Bodo bestellte eine Borkenbrause. Und wenig später – er wusste gar nicht recht, wie ihm geschah – saß er eingekeilt zwischen einem fetten Nashornkäfer und einer glubschäugigen Hornisse an der Bar und hatte bereits seinen dritten Zapfenschnaps getrunken. Das Zeug schmeckte ihm zwar überhaupt nicht und machte ihn ganz schwindlig, aber das hätte er auf keinen Fall zugegeben.

„Bist echt 'n Kumpel", schnarrte der Nashornkäfer und leerte mit einem Zug einen Blütenkelch voll Haferbier.

„Genau", bestätigte die Hornisse und goss sich großzügig von dem teuren Walderdbeerenwein nach. „Ich glaub, diese Runde geht wieder an dich."

Bodo hatte das Gefühl, dass er bereits die letzten drei Runden bezahlt hatte, aber ihm schwirrte der Kopf, und die beiden anderen ließen keinen Zweifel daran, dass sie genau mitgezählt hatten.

Als Bodo seinen fünften Zapfenschnaps ausgetrunken hatte, war ihm so schwindlig, dass er sich kaum noch auf seinem Nussschalenhocker halten konnte. Plötzlich stieß ihn der Nashornkäfer in die Seite und knurrte: „Du bist wieder dran mit zahlen."

Ungeschickt wühlte Bodo in seinem Eichenblattbrustbeutel. „Alle-alle", lallte er schließlich.

„Zeig mal her", knurrte die Hornisse und riss Bodo den Beutel vom Hals.

Bodo fand das gar nicht nett, aber inzwischen war ihm so übel, dass er sich nicht beschwerte.

„Tatsächlich leer", brummte die Hornisse und warf dem Nashornkäfer einen merkwürdigen Blick zu. Dann grinsten die beiden plötzlich. „Wir haben da noch eine hübsche Überraschung für dich", sagte der Nashornkäfer zu Bodo. Unsanft packten sie ihn bei zweien seiner Beine und schleiften ihn hinaus.

An einem steilen Abhang machten sie halt. Eine lautstarke Menge wenig vertrauenerweckender Insekten hatte sich dort versammelt. Sie grölten herum und feuerten einige Typen an, die sich in halbierte Eichelschalen gesetzt hatten und darin festgeschnallt wurden.

„Nun fehlt nur noch ein letzter todesmutiger Kandidat!", rief eine haarige, dickbäuchige Tarantel mit heiserer Stimme.

„Hier haben wir noch einen erfahrenen Fahrer!", rief die Hornisse.

Und noch während Bodo sich nach diesem Fahrer umsah, kamen drei Schaben anmarschiert. Er wurde von starken Krallen gepackt und in einer halbierten Eichelschale festgeschnallt.

„He, wasmachsuda?", beschwerte er sich.

„Sei froh, dass wir dich festschnallen", erwiderte eine der Hilfsschaben. „Ohne Gurt fliegst du gleich in der ersten Kurve raus. Aber das Zeug hält garantiert." Sie zupfte an einem der Seile. „Das ist hundert Prozent doppelt gewickelter Madenzwirn. Was Besseres gibt's nicht!"

Während Bodo festgeschnallt wurde, bekam er nur am Rande mit, wie die Tarantel der Hornisse und dem Hirschkäfer Geld zusteckte: „Wo treibt ihr nur immer diese Irren auf?", fragte sie die beiden.

„Berufsgeheimnis", erwiderte die Hornisse und grinste verschwörerisch.

Die Tarantel wandte sich an das grölende Publikum und rief: „Ich nehme jetzt die letzten Wetten entgegen!"

Bodo wurde allmählich etwas nüchterner. „Was für Wetten?", wandte er sich an eine einäugige Soldatenameise, die rechts neben ihm in einer Eichelschale festgeschnallt war.

„Sie wetten darauf, wer dieses Rennen heil überlebt", knurrte die Ameise.

„Rennen?" Mit einem Mal wurde Bodo hellwach. „Was für ein Rennen?"

„Seht euch diesen Burschen an", kicherte eine raubeinige Grille links neben ihm. „Der Kerl meldet sich zum gefährlichsten Eichelschalenrennen der Welt an und merkt es nicht einmal."

„Zum gefährlichsten ... aber ich ... He, Moment mal ...", stammelte Bodo. Doch es war schon zu spät.

„Und los!", rief die Tarantel.

Jemand gab Bodo einen Stoß und unter dem Gegröle des Publikums sauste die Eichelschale bergab. Mit weit aufgerissenen Augen raste Bodo über rutschiges Gras und Geröll. Nun war er sich sicher, dass es doch

etwas gab, auf das er verzichten wollte. Er schoss direkt auf eine vorstehende Wurzel zu. Der Ameise vor ihm gelang es irgendwie auszuweichen. Bodo duckte sich in seine Schale und kniff die Augen zu. Plötzlich rutschte er in eine Senke und mit einem lauten Krachen quetschte sich die Eichelschale unter der Wurzel hindurch. Er schlitterte weiter und hörte hinter sich die durchgeknallte Grille jodeln.

In wahnsinniger Fahrt ging es bergab. Grasbüschel und Zweige sausten an ihm vorbei. In einer lehmigen Kurve verlor die Eichelschale schließlich die Bodenhaftung und wurde aus der Rennbahn geschleudert. „Mamiiii!", schrie Bodo.

Ein riesiger Kieselstein tauchte vor ihm auf. KRACH! Die Eichelschale prallte dagegen. Im nächsten Moment machte es ZONG und der hundert Prozent doppelt gewickelte Madenzwirn gab den Geist auf. Mit einem jämmerlichen Quieken wurde Bodo aus der Eichelschale hoch in die Luft geschleudert. Dann segelte er, sich um sich selbst drehend, einen senkrechten Abhang hinab in die Tiefe. Er durchschlug vor den verblüfften Facettenaugen der Besitzerin ein Spinnennetz, verfehlte um Haaresbreite einen vorstehenden Zweig und landete schließlich mit einem lauten PLATSCH auf dem Rücken einer Nacktschnecke.

„He, was soll das?", beschwerte diese sich empört.

„Tschuldigung", murmelte Bodo und taumelte, sich seinen schmerzenden Rücken haltend, davon. *Nichts wie weg hier,* dachte er sich. *Nichts wie weg!*

Völlig zerschunden und ohne eine mickrige Madenmark in der Tasche, floh Bodo. So schnell er konnte, ließ er Ralf Ratzekahls rattenscharfen Riesenrummel hinter sich.

Den ganzen Tag und die ganze Nacht humpelte Bodo zurück. Es war später Abend, als er wieder auf seinem Heimatbaum angelangt war. Sein Schädel dröhnte, als ob ein Tausendfüßer darauf Polka tanzen würde.

Ächzend ließ er sich auf einem Ast nieder und starrte in den Sonnenuntergang. Irgendwie war das Ganze nicht so verlaufen, wie er es sich vorgestellt hatte. Schweigend und regungslos hockte er da und ließ die Zeit verstreichen. Dann hörte er plötzlich eine Stimme neben sich: „Hallo, Bodo."

Es war Amelie, die sich nun neben ihn setzte.

„Hallo, Amelie", erwiderte Bodo leise. Nach einer Weile fragte er: „Wie geht es Stella?"

„Oh, ganz gut, sie hat sich nur ein paar Prellungen geholt und die Vorderbeine verstaucht. In ein paar Wochen ist sie wieder ganz die Alte."

„Es tut mir leid", flüsterte Bodo.

„Ich weiß", antwortete die Ameise, ebenfalls flüsternd.

Wieder schwiegen die beiden eine Zeit lang. Dann sagte Bodo: „Amelie?"

„Ja?"

„Ich glaube, Onkel Benedikt hat sich getäuscht."

„Das glaube ich auch", erwiderte die Ameise. Dann fragte sie schmunzelnd: „Was hältst du von einer Partie Blattläusequartett?"

„Das wäre toll", rief Bodo und sprang auf. „Bist du nicht mehr böse auf mich?"

„Nein."

Wirklich nicht?"

„Wirklich nicht! Und die anderen ganz bestimmt auch nicht", erwiderte Amelie. „Wir sind doch Freunde! Und wir wollen auf keinen Fall auf dich verzichten!"

Jetzt spürte Bodo, was ihm die ganze Zeit in Ralf Ratzekahls rattenscharfem Riesenrummel gefehlt hatte. Glücklich legte er einen seiner Arme über Amelies Schulter und gemeinsam machten sie sich auf den Weg zurück zu Bodos Baumhöhle.

Jesus sagt: „Wer das Leben um jeden Preis genießen will und glaubt, dadurch würde er glücklich werden, der hat sich getäuscht. Ein wirklich glückliches, erfülltes Leben sieht nämlich ganz anders aus. Wer sein Leben mit mir zusammen gestaltet, es für mich einsetzt und anderen Menschen mit Liebe begegnet, der wird wahres Leben und wahres Glück finden, das nie mehr endet."

Nach Lukas 9,24

Die Verwandlung
oder Rolfs Parodontose

Es war ein schöner Frühlingsmorgen, als die drei Freunde auf einem sanft im Morgenwind wippenden Rhabarberblatt standen. Vor ihnen klebte ein merkwürdig aussehendes, bräunlich gefärbtes Ding auf dem Blatt.

Schmitti die Schmeißfliege und Bernd die Blattlaus machten ernste Mienen. Auch Hugo die Heuschrecke hielt den Kopf gesenkt, er sah nur nicht so traurig aus wie die beiden anderen. Aber das hatte nichts zu bedeuten. Hugo brauchte immer ein bisschen länger, bis die Dinge bei ihm ankamen. Heuschrecken sind nicht gerade für ihre Pfiffigkeit berühmt.

In seiner Jugend hatte sich Hugo zum Beispiel mal in einen ferngesteuerten Spielzeughubschrauber verliebt. Mit einem beherzten Sprung hatte er sich aufs Fahrgestell gehechtet und war etliche Runden mitgeflogen. Der Lärm der Rotorblätter hatte ihm das Schmalz aus den Ohren gepustet. Es war eine etwas eigenwillige Liebe gewesen. Und es hatte eine ganze Weile gedauert, bis Hugo geschnallt hatte, dass der Hubschrauber seine Zuneigung nicht erwiderte. Schließlich hatte er den Hubschrauber dann doch noch traurig ziehen lassen. Allerdings war Hugo seit dieser Zeit ein bisschen schwerhörig. Das machte es für seine Freunde nicht immer einfach. Aber er war trotzdem ein prima Kumpel.

„Der arme Rolf – nu issa tot", seufzte Schmitti die Schmeißfliege. Eigentlich hieß sie ja Cornelia-Arabella-Sophie von Schmitthausen. Der Einfachheit halber nannten sie jedoch alle Schmitti.

„Mit letzter Kraft hat er sich noch selber in seinen Sarg gelegt", sagte Bernd die Blattlaus extra laut, damit Hugo ihn verstand, und wischte sich verschämt eine Träne aus den Augenwinkeln.

„Ja", seufzte Hugo die Heuschrecke und deutete auf das bräunliche Ding vor sich. „Hat sich 'ne Menge Arbeit gemacht, der arme Rolf. Nur beerdigt hat er sich noch nicht. Aber das können wir ja übernehmen, stimmt's Leute?"

Bernd nickte in stiller Trauer. „Lasst uns unserem guten alten Freund die letzte Ehre erweisen."

„Das ist das Mindeste, was wir tun können", bemerkte Schmitti. „Nicht wahr?", wandte sie sich an Hugo, die Heuschrecke.

„Öh ... klar", erwiderte Hugo, „logisch machen wir das ... tun wir doch gerne ... erst recht für Rolf ..." Nach einem Augenblick der Stille fragte er: „Und wo ist sie?"

Bernd runzelte die Stirn: „Wo ist wer?"

„Na die letzte Ähre."

„Wieso Ähre?", fragte Schmitti.

„Na, ihr wolltet doch die letzte Ähre verspeisen. Ich hab zwar keine Ahnung, warum, aber ..."

„EHRE ERWEISEN, du Trottel!", rief Bernd. „Ich hab gesagt, wir wollen ihm die letzte Ehre erweisen."

„Brüll mich nicht so an", schmollte Hugo beleidigt. „Außerdem weiß ich gar nicht, wozu das gut sein soll. Ich jedenfalls muss Rolf gar nichts beweisen ..."

„ERWEISEN!", schnaubte Bernd. „Es heißt: Ehre erweisen."

„Hört auf, euch zu streiten", schimpfte Schmitti. „Wie könnt ihr euch nur so benehmen? Wo der arme Rolf uns gerade erst verlassen hat."

„Bernd hat angefangen", brummte Hugo. „Außerdem, was heißt hier: *gerade erst*?

Der Rolf hat doch die ganze Woche schon an seinem Sarg gebastelt."

„Schluss jetzt, Freunde!", bemerkte Schmitti energisch. „Wenn wir uns ständig streiten, bekommen wir Rolf nie unter die Erde. Fasst mal mit an."

Alle drei griffen nach dem Sarg. Sie zogen und zerrten, bis sie radieschenrote Köpfe bekamen.

„Der wehrt sich", schnaufte Hugo.

„Quatsch", knurrte Bernd, „das Ding ist bloß irgendwie festgeklebt."

Mit aller Kraft stemmten sich die drei gegen den Sarg – vergeblich. Er rührte sich nicht von der Stelle. Schließlich hielten sie erschöpft inne.

„Was hat der denn für einen Superkleber verwendet?", keuchte Schmitti.

„Vielleicht wollte Rolf ja, dass sein Sarg hier oben bleibt", bemerkte Bernd und wischte sich den Schweiß von der Stirn.

„Also, in einem muss ich Hugo recht geben", meinte Schmitti und fächelte sich mit ihrem Fühler frische Luft zu. „Rolf hat ganz schön viel Aufwand betrieben mit seiner letzten Ruhe."

„Das ist ja fast ein bisschen so wie im alten Ägypten …", bestätigte Bernd.

„Ägypten?", unterbrach ihn Hugo.

„Ja", ergänzte Schmitti. „Wie bei 'nem alten Pharao."

„Was war so?", fragte die Heuschrecke ziemlich verdattert.

„Die alten Pharaonen haben sich damals die riesigen Pyramiden bauen lassen", erklärte Schmitti.

Hugo sah aus, als hätte er versehentlich sein Gehirn verschluckt.

„Pyramiden, du weißt schon", wiederholte Schmitti freundlich. „Diese unglaublich großen, spitzen Grabstätten mitten in der Wüste."

Hugos Blick nach zu urteilen, wäre jetzt eine längere Erklärung nötig gewesen. Daher winkte Bernd rasch ab: „Ist ja auch egal. Man muss zumindest sagen, dass der gute Rolf in der letzten Zeit ein bisschen komisch war."

„Das stimmt", bestätigte Schmitti. „Man hätte fast glauben können, der freut sich, dass er bald das Zeitliche segnet."

Bernd und Hugo nickten. Man konnte Hugo allerdings deutlich ansehen, dass seine überforderten Gehirnzellen angestrengt mit der Frage rangen, was Schmitti *damit* nun schon wieder meinte.

„Nun ja", sagte Bernd schließlich. „Der arme alte Rolf hatte ja auch kein wirklich glückliches Leben. Besonders hübsch war er nicht und auch ein bisschen unbeholfen mit seinen kurzen Stummelbeinchen."

„Oh ja", bestätigte Schmitti. „Kein Wunder, dass er ständig am Fressen war, bestimmt war er oft ganz schön frustriert."

„Wieso?", mischte sich Hugo die Heuschrecke ein. „Ich bin auch ständig am Fressen und ich war noch nie fundiert."

Bernd und Schmitti stießen nur einen resignierten Seufzer aus und verdrehten die Augen.

In diesem Moment kam Mark der Maikäfer vorbeigeflogen. „Meine Güte, was ist denn mit euch los? Da sieht ja selbst 'ne matschige Trauerkloßsuppe noch fröhlicher aus als ihr."

„Unser lieber Freund ist nicht mehr", sagte Schmitti mit Trauer in der Stimme.

„Ja, er hat zu viel gefressen, weil er immer so furniert war, und dann hat er sich wie ein Fahr-k.-o. eingesargt, aber ohne spitze äh ... Vitamine", fügte Hugo erklärend hinzu.

„Was?", fragte Mark der Maikäfer verdutzt und setzte zur Landung an.

„Der Rolf ist tot", erklärte Bernd die Blattlaus.

„Ach Quatsch", erwiderte Mark fröhlich. „Der ist doch nicht tot, der verwandelt sich nur." Munter klopfte er gegen den Sarg.

„He, das kannst du doch nicht machen", empörte sich Bernd. „Du störst ja die Totenruhe."

„Unsinn", erwiderte Mark grinsend. „Er ist nicht tot, er verändert sich nur. Man nennt das *Metamorphose.*"

„Was für 'n Franzose?", fragte Hugo.

„Metamorphose – Verwandlung eben", sagte Mark.

„Was meinst du damit?", fragte Schmitti die Schmeißfliege.

„Na, der Rolf war ja eine Raupe", erklärte Mark.

Die anderen nickten. Hugo ganz besonders heftig, weil er endlich mal etwas verstand.

„Aber Raupe zu sein, war nicht seine eigentliche Bestimmung", fuhr Mark fort.

„Ach", sagte Bernd.

„Mhm", machte Schmitti.

„Und was hat dieser komische Franzose damit zu tun?", fragte Hugo.

„Metamorphose", brummte Bernd.

„Es ist etwas Wunderschönes in Rolf angelegt", erklärte Mark. „Aber damit das zum Vorschein kommt, muss er sich erst verpuppen." Er deutete auf den Sarg. „Und das sieht dann ein bisschen so aus, als würde er sterben."

„Aha", sagte Hugo. „Dieser Megamafiose macht ihn also scheintot."

„Metamorphose", verbesserte Mark freundlich. „Und scheintot ist nicht ganz der richtige Ausdr..." weiter kam er nicht, denn plötzlich ruckelte es neben ihm. „Habt ihr das gesehen?!", fragte er aufgeregt.

„Ja", sagte Bernd und kroch ängstlich hinter Schmittis Rücken. Die Schmeißfliege wiederum versteckte sich hinter Hugo, der noch nicht geschnallt hatte, dass gerade etwas Besonderes geschah.

„Der ... der Sarg hat sich bewegt", flüsterte Bernd mit zitternder Stimme.

„Keine Angst", meinte Mark. „Ihr werdet gleich ein Wunder erleben."

Schmitti und Bernd schauten ängstlich, Hugo eher neugierig auf den Sarg, der zitterte und bebte.

Plötzlich entstanden Risse auf der Oberfläche, dahinter schimmerten bunte Farben. Und dann brach er plötzlich auseinander und ein wunderschönes Geschöpf kam zum Vorschein.

Schmitti und Bernd stand vor Erstaunen der Mund offen.

„Das gibt's doch nicht. Die Mega-Scoliose funktioniert tatsächlich", murmelte Hugo ehrfürchtig

Es war ein wundervoller, prächtig anzusehender Schmetterling, der nun seine Flügel ausbreitete und die verblüfften Freunde vor sich anstrahlte.

„Du ... du siehst toll aus, Rolf", staunte Mark.

„Oh, danke", erwiderte dieser. „Ich fühl mich auch so. Jetzt würde ich gerne fliegen."

Und schon bewegte er die großen bunten Flügel und flatterte in die Höhe.

„Meine Güte, Rolf!", staunte Hugo die Heuschrecke. „Du hast ja wirklich 'ne echte äh ... Parodontose durchgemacht."

„Schön, euch zu sehen, Freunde", sagte Rolf. „Ich würde gerne mal ein bisschen umherfliegen. Anschließend treffen wir uns auf 'nen Blütennektar, okay?"

„Okay", nickten die drei, während Mark sich aufmachte und dem davonflatternden Schmetterling hinterherflog.

Lange Zeit sagte keiner der Freunde etwas. Dann fragte Bernd: „Hat er eben Blütennektar gesagt?"

„Ja", meinte Schmitti. „Wie es aussieht, hat er keinen Appetit mehr auf Blätter."

„Wahrscheinlich ist er nicht mehr furniert", sagte Hugo und nickte weise.

Manche Leute glauben ja, dass mit dem Tod alles aus ist. Aber wir glauben das nicht. Wir glauben, dass Gott sich noch mehr für die Menschen gedacht hat als nur dieses irdische Leben.

Als Jesus von den Toten auferstand, zeigte Gott uns, wie er den Tod besiegt. Der Tod ist nämlich für Gottes Leute gar nicht das Ende, sondern nur eine Art Verwandlung.

Ihr müsst euch das so vorstellen: Euer Körper ist etwas Ähnliches wie ein Samenkorn. Wenn ein Samenkorn in die Erde fällt, dann hört es schon bald auf, ein Samenkorn zu sein. Man könnte sagen, es stirbt. Aber in Wirklichkeit verwandelt es sich nur und wächst zu einer schönen bunten Blume oder zu einem großen Baum heran.

Genauso ist es mit uns. Wenn wir sterben, verwandeln wir uns bloß, auch wenn man das hier auf der Erde noch nicht sehen kann. So hat Gott sich das ausgedacht. Wir sollen einen neuen Körper bekommen, der ganz anders und doch ein bisschen ähnlich ist wie unser jetziger Körper. Und dann werden wir nicht mehr sterben, sondern für immer mit Gott zusammen sein.

Siehe 1. Korinther 15,12–49

Golda von Guckenheim und der schwarze Fleck

"Igitt!", kreischte Golda von Guckenheim, die Goldhamsterin, erschrocken auf, als sie sich eines Morgens in ihrer Spiegelpfütze betrachtete.

"Was ist denn, mein Puschelchen?", brummte Gunther von Guckenheim, ihr Ehehamster, verschlafen.

"Ich hab da einen Fleck!", rief Golda, vor Abscheu zitternd, "einen schwarzen, öligen Fleck! Und der geht nicht weg!"

"Das liegt daran, dass Flecken nicht gehen können", sagte Gunther.

"Sehr witzig!", zischte Golda empört. Sie war sehr stolz auf ihr goldenes Fell und wurde von allen Tieren des Feldes dafür bewundert. "Ich rubble mir hier fast eine Glatze ins Fell und du klopfst blöde Sprüche."

"Entschuldige", brummte Gunther. "Am besten, du wendest dich an Rita Rotze, die Ruhrpottratte von der Restmülldeponie. Die kennt sich mit Flecken aus.

"Bist du von allen guten Körnern verlassen?", kreischte Golda entrüstet. "Ich will den Fleck loswerden und nicht noch Pickel dazukriegen!"

„Ach, Puschelchen, jetzt übertreibst du aber. Rita ist doch ein prima Kumpel."

„Vielleicht wenn man über die Abseitsfalle beim Radieschenrugby diskutieren möchte, aber hier geht es um etwas Ernstes. Ich geh zu Dr. Humpele." Und mit diesen Worten rauschte sie an ihrem verdatterten Gatten vorbei, hinaus aufs Feld.

Die Praxis von Dr. Humpele war nicht weit entfernt. Sie befand sich auf einem kleinen Hügel südlich des Karottenfeldes. Dr. Humpele war ein grauer Feldhase. Er war zwar schon ein bisschen älter, dafür hatte er aber studiert und kam aus einer berühmten Familie. Außerdem war er sehr höflich und roch – im Gegensatz zu Rita – nicht nach vergammelten Sardinenbüchsen.

„Ah, Frau von Guckenheim, was verschafft mir die Ehre?", begrüßte sie Dr. Humpele.

„Lieber Dr. Humpele ..." Golda setzte ihr goldigstes Goldhamsterlächeln auf. „Ich habe da ein Fleckproblem."

Dr. Humpele holte seine Limoflaschenlupe aus seinem Bau und betrachtete das

Phänomen eingehend. „Hm", sagte er, „hmhm, aha, sehr ungewöhnlich."

„Ist es was Schlimmes?", fragte Golda nervös.

Dr. Humpele machte ein ernstes Gesicht. „Wenn Sie diesen Fleck loswerden möchten, dann werden Sie einiges auf sich nehmen müssen." Er legte seine Stirn in Falten, sodass seine großen Ohren nach vorne klappten und mit seinen Schnurrbarthaaren kuschelten. „Sind Sie bereit dazu?"

„Ja", sagte Golda, „das bin ich!"

„Gut", meinte Dr. Humpele und setzte seine Professorenmiene auf. „Dieser Fleck ist das Resultat ungünstiger Umweltbedingungen und wurde im Wesentlichen verursacht durch abgestandene Erdlochluft, die dem natürlichen Haardrang zuwiderlief. Daher muss im logischen Umkehrschluss das infizierte Fell punktuell einer um ein Vielfaches potenzierten Luftbewegung ausgesetzt werden."

Golda starrte den Hasen an wie einen Polka tanzenden Popel. Sie hatte kein Wort verstanden.

„Ich nehme an, das leuchtet Ihnen ein?", fragte Dr. Humpele.

„Selbstverständlich", log Golda und

staunte darüber, wie ein Hase nur so schlau sein konnte.

„Gut, dann folgen Sie mir."

Eifrig trippelte Golda hinter dem Hasen her. An einem hohen Baum machten sie halt.

„Sehen Sie dieses Gummiband dort oben am Ast?", fragte Dr. Humpele.

Als Golda nach oben blickte, sah sie in weiter Ferne ein winziges rotes Bändchen an einem Ast hängen.

„Sie klettern jetzt diesen Baum empor", erklärte Dr. Humpele. „Dann knoten Sie Ihre rechte Hinterpfote in das Seil ein und springen hinab. Durch die Fallgeschwindigkeit wird der Fleck quasi aus Ihrem Gesicht gepustet und das Gummiband fängt Sie rechtzeitig vor dem Aufprall ab. Alles klar?"

Golda nickte. Sprechen konnte sie nicht; vor Angst brachte sie keinen Ton heraus. Zaghaft machte sie sich daran, die raue Baumrinde emporzuklettern. Auf halber Strecke tropfte ihr der Schweiß in dicken Tropfen von der Stirn, und sie konnte hören, wie eine Blattlaus sich schrill beschwerte, als ein Schweißtropfen sie vom Blatt spülte. Ihre Muskeln begannen so stark zu zittern, dass sie mit ihren Zähnen versehentlich Löcher in die Rinde klopfte. Als sie oben angekommen war, sah sie Dr. Humpele so klein wie eine Ameise unter sich stehen.

„Und jetzt festbinden!", rief er herauf.

Mit zitternden Pfoten knotete Golda sich fest.

„Springen!"

„Hiiilfe!", kreischte Golda und sauste abwärts. Der Wind pfiff ihr um die Ohren und blähte ihre Hamsterbacken auf, dass sie schwabbelten wie zwei Quallen beim

Bauchtanz. Eine Fliege, die nicht rasch genug ausweichen konnte, wurde durch ihre Vorderzähne gequetscht und verschwand mit quietschendem Geräusch in ihrer Gurgel. Kurz bevor sie auf dem Boden aufschlug, wurde sie durch das Gummiband wieder emporgeschleudert, prallte mit dem Po unsanft gegen einen tief hängenden Ast und kam schließlich, auf- und abwippend, neben Dr. Humpeles Ohren zum Hängen.

„Isser weg?", keuchte sie mit letzter Kraft.

Dr. Humpele runzelte die Stirn und warf einen kritischen Blick in ihr Gesicht. „Noch nicht ganz. Vielleicht sollten wir Ihnen einen Kieselstein um den Hals binden und die Prozedur noch einmal wiederholen."

„Nein, das sollten wir nicht!" Ein Anflug von Panik lag in Goldas Stimme. Rasch biss sie das Gummiband durch, sodass sie auf die Erde plumpste, und hetzte, so schnell sie konnte, durch das Kornfeld zurück nach Hause.

Gunther von Guckenheim starrte seine Frau mit großen Augen an. „Was …", stotterte er.

„Sag nichts!", unterbrach ihn Golda. „Kommst du mit zu Rita?"

Gunther war ein kluger Goldhamster. Schweigend reichte er seiner Frau die Pfote und gemeinsam liefen sie hinüber zur Restmülldeponie. Auf dem Weg erzählte ihm Golda, was passiert war.

Sie hatten die Hütte von Rita der Ruhrpottratte noch gar nicht erreicht, da lief ihnen Fritz die Feldmaus, Ritas Assistent, entgegen.

„Hallo, ihr zwei Goldlöckchen", begrüßte er die beiden etwas respektlos. „Dein Problemchen hat sich rumgesprochen, Golda. Rita sagt, wenn du deinen Fleck loswerden willst, musst du quer über den Müllplatz bis zum rostigen Benzinkanister laufen und dein Gesicht in der Pfütze darin waschen. Dann isser weg."

„Soll das ein Scherz sein?", rief Golda.

„Nö, eigentlich nicht", erwiderte Fritz. „Schönen Tach noch." Und schwupp, war er weg.

Vorwurfsvoll blickte Golda ihren Mann an. „Das gibt's doch nicht. Ich hatte einen furchtbaren Tag und jetzt macht sich diese Ratte auch noch über mich lustig. Ich habe es mit frischem Quellwasser, mit Spucke und Teichwasser probiert, und jetzt soll ich mich in einer stinkenden Pfütze waschen?

Nicht mit mir!" Abrupt wandte sie sich um und stolzierte davon.

„He, warte doch!", rief Gunther und lief hinterher. „Puschelchen, hör mir doch mal einen Augenblick zu. Du warst bereit, die verrücktesten Sachen zu machen. Du hast sogar dein Leben riskiert, weil dieser verrückte Hase das so wollte, und jetzt, wo nur so eine Kleinigkeit verlangt wird, willst du es nicht tun? Was ist schon dabei?"

Golda hielt inne. Dann brummte sie: „Na gut, aber wenn das nicht funktioniert, rede ich kein Wort mehr mit dieser Ruhrpottratte."

Der rostige Blechkanister sah nicht sehr vertrauenerweckend aus und die Pfütze darin roch ziemlich unangenehm. Mit einem tiefen Seufzer tauchte Rita ihre Pfoten in das komische Wasser und wusch sich das Gesicht.

„Und?", fragte sie wenig hoffnungsvoll, als sie fertig war.

„Er ist weg!", sagte Gunther erstaunt.

„Du nimmst mich auch nicht auf die Pfote?"

„Hier, sieh selbst", meinte Gunther und deutete auf einen zerbrochenen Rasierspiegel.

Tatsächlich. Golda bekam vor Staunen Kulleraugen. Ihr Gesicht war wieder so golden und sauber wie zuvor. Keine Spur mehr von dem Fleck. „Oh", sagte sie und dann lange Zeit nichts mehr.

Als die beiden fast zu Hause waren, meinte Golda schließlich: „Was würdest du davon halten, wenn wir Rita nächsten Sonntag auf einen Weizenkornkuchen mit Malzkaffee einladen und ein wenig plaudern ... zum Beispiel über Radieschenrugby?", fügte sie augenzwinkernd hinzu.

„Ich finde, das ist eine ganz ausgezeichnete Idee", erwiderte Gunther und schmunzelte.

Es gab mal einen ziemlich berühmten und erfolgreichen Mann mit dem drolligen Namen Naaman. Naaman hatte eine sehr schlimme Krankheit und war bereit, die verrücktesten und schwierigsten Sachen zu machen, um wieder gesund zu werden. Aber Gott wollte nur eine Kleinigkeit von ihm. Er sollte sich nämlich in einem Fluss baden, der nicht unbedingt für seine Sauberkeit berühmt war, und dort sieben Mal untertauchen. Das ließ er Naaman durch einen Propheten ausrichten – na ja, eigentlich eher durch den Diener des Propheten.

Als Naaman das hörte, wurde er ziemlich sauer, weil er sich das ganz anders vorgestellt hatte und weil er sich ein bisschen albern vorkam, in so einem Müffelwasser zu baden. Also hätte er beinahe nicht auf Gott gehört und wäre wieder abgezogen. Aber Gott sei Dank hatte er einen Menschen an seiner Seite, der ihm gut zuredete, und so tat er es dann doch – und wurde tatsächlich wieder gesund.

Viele Menschen halten es für eine ganz schwierige Sache, mit Gott in Verbindung zu kommen. Sie glauben entweder, dass man sich dafür an ganz viele komplizierte Regeln halten muss, die besondere Spezialisten sich ausgedacht haben, oder aber dass sowieso nur die superschlauen Philosophen eine Chance bei Gott haben.

Und wenn diese Menschen dann hören, dass es eigentlich nur darum geht, auf Jesus zu vertrauen, dann können sie das gar nicht glauben, weil es ihnen viel zu einfach vorkommt.

Aber wer sich darauf einlässt, der wird feststellen, dass dieses Vertrauen genau das ist, worauf es wirklich ankommt. Nur wenn wir vertrauen, können wir Gott auch erfahren und mit ihm gemeinsam durchs Leben gehen.

Nach 2. Könige 5,1; 9–14 und 1. Korinther 1,18–25

Weißer Dingsbums, knurrendes Moos und der bissige hübsche Zierrand

„Meinst du wirklich, dass es eine so gute Idee war, sich hier zu verstecken?", fragte Win seinen um dreieinhalb Minuten älteren Bruder Wulf.

„Na klar", brummte Wulf und versuchte, das protestierende Knurren seines Magens zu übertönen.

„Also, das hier ist der beste Jagdplatz des ganzen Reviers, und die frischen Rehböcke springen uns geradezu ins Maul, richtig?", hakte Win nach.

„Na, wenn ich's doch sage", brummte Wulf ungehalten.

„Okay", nickte Win. „Ich wollt nur noch mal sichergehen."

Es entstand eine Pause, in der die Mägen der beiden jungen Wölfe um die Wette knurrten, dass die Kieselsteine neben ihnen auf den Felsen hüpften.

„Und warum haben wir dann seit Tagen nicht ein einziges Reh gesehen?", fragte Win.

„Woher soll ich das wissen?", erwiderte Wulf bissig. „Bin ich vielleicht ein Reh?"

„Leider nein", meinte Win.

„Zweifelst du etwa an meinem Jagdinstinkt?", fuhr Wulf auf. „Vergiss nicht, dass ich der Ältere von uns beiden bin. Das da ist eine Wasserstelle. Alle Tiere müssen trinken. Also wird unsere Beute direkt hierherkommen, kapiert?"

„Ich schon, aber die Beute offensichtlich nicht", erwiderte Win und legte mürrisch sein Kinn zwischen die Pfoten.

So ging das nun schon eine halbe Woche lang. Die beiden Jungwölfe hatten sich von ihrem Rudel davongeschlichen, um zu beweisen, dass sie mindestens genauso viel auf dem Kasten hatten wie die erfahrenen Jäger. Der Erfolg ließ allerdings auf sich warten.

Plötzlich hob Win den Kopf. „Hast du das gehört?"

„Ja", brummte Wulf. „Das war ein Wolfsheulen." Dann fügte er spöttisch hinzu: „Du brauchst aber keine Angst zu haben. Wir sind nämlich selbst Wölfe, wenn ich dich liebevoll daran erinnern darf."

„Sehr witzig", erwiderte Win. Dann lauschte er erneut. „Das ist ein Warnruf", meinte er besorgt. „Und wenn ich mich nicht irre, kommt er von Onkel Wolfgang."

„Na und? Unser Rudel ist meilenweit entfernt. Was geht uns das an?"

„Aber ..." Der Rest von Wins Worten ging in einem donnernden Getöse unter, das in diesem Moment die Erde erbeben ließ.

Erschrocken sprangen die beiden auf und starrten nach oben. Es schien, als hätte sich der halbe Berghang neben ihnen gelöst. Eine riesige Felslawine polterte hinab, genau auf sie zu. In voller Panik rannten die beiden los, so schnell sie konnten. Eine mächtige Staubwolke verdunkelte den Himmel und Gesteinssplitter flogen ihnen um die Ohren.

„Schnell, da hinauf!", brüllte Wulf über den Lärm hinweg.

Sie hetzten seitlich den Abhang hinab und dann eine steile Erhebung hinauf, die wie ein Buckel aus der Bergflanke herausragte. Mit letzter Kraft schafften es die beiden auf die Hügelkuppe. Die Lawine donnerte an ihnen vorbei, den Berghang hinab. Nach Atem ringend und mit entsetzt aufgerissenen Augen starrten die beiden den herabstürzenden Felsmassen hinterher.

Durch den aufsteigenden Staub hindurch sahen sie in der Ferne winzige Punkte vor der Lawine fliehen. Genau in die andere Richtung des Tals.

„Unser Rudel", japste Win.

Plötzlich hielt einer der winzigen Punkte inne und machte kehrt. Er rannte genau auf die herabstürzende Lawine zu.

„Was macht der denn da?", keuchte Wulf. „Ist der völlig irre?"

Die Lawine war ganz dicht an den einsamen Wolf herangekommen. Und dann stieg der Staub so hoch, dass sie nichts mehr erkennen konnten.

Ängstlich starrten die beiden nach unten.

„Au Backe, hoffentlich ist dem nichts passiert", meinte Win nach einer Weile.

Sehr, sehr lange blickten die beiden Jungwölfe schweigend hinab auf das Chaos aus Steinen und Staub. Die gewaltigen Geröllmassen hatten einen unüberbrückbaren Wall quer durch die ganze Landschaft geschaffen. Sie waren endgültig von ihrem Rudel getrennt worden.

„Und jetzt?", fragte Win schließlich.

Wulf erwiderte nichts. Aber die Furcht stand ihm ins Gesicht geschrieben.

Ein kalter Wind pfiff den beiden um die Nasen und sie frösteten.

„Was sollen wir denn nun machen?", jammerte Win.

„Woher soll ich das wissen?", fauchte Wulf.

„Du weißt doch sonst immer alles!", keifte Win zurück. „Schließlich erzählst du mir dauernd, dass du der Ältere von uns beiden bist."

„Die paar Minuten machen auch keinen Unterschied."

„Ach, jetzt auf einmal ..."

Eine Weile lang stritten sich die beiden weiter. Dann wurde ihnen zu kalt. Frierend duckten sich die beiden in eine Mulde und drückten sich aneinander, um sich zu wärmen.

„Igitt!", schrie Win plötzlich auf. „Was ist das denn?"

„Was ist was?", fragte Wulf.

„Na dieses kalte weiße Zeugs auf meiner Nase!"

In diesem Moment spürte Wulf es auch und blickte nach oben. „Es fällt vom Himmel runter", stellte er verblüfft fest.

„Man nennt es Schnee", ertönte eine tiefe Stimme hinter ihnen.

Erschrocken sprangen die beiden auf und sahen einen großen, hageren Wolf näher kommen.

„Bei Omas Schnurrhaaren, du hast uns vielleicht einen Schrecken eingejagt", sagte Win und rückte ein Stück näher zu Wulf.

„Aber glaub nicht, dass wir Angst vor dir haben", meinte Wulf und rückte gleichzeitig ein Stück näher zu Win.

„Das wäre auch nicht gut", erwiderte der Wolf mit der Andeutung eines Lächelns. „Ihr werdet mir nämlich vertrauen müssen."

„Ach, und warum?"

„Ich werde euch zu eurem Rudel führen."

„Und warum solltest du das tun?", hakte Wulf misstrauisch nach. „Wer bist du überhaupt?"

Der Wolf lachte freundlich. „Mich wundert nicht, dass ihr mich nicht erkennt. Ihr wart noch kleine, blinde Welpen, als ich fortzog. Ich bin Wanja, euer ältester Bruder."

Zweifelnd runzelte Win die Stirn: „Du bist Wanja?"

Der große Wolf nickte lächelnd.

„Aber was machst du hier?", fragte Wulf. „Du hast doch längst dein eigenes Rudel."

„Das stimmt. Eigentlich bin ich nur auf der Durchreise zu unserem Winterjagdrevier. Als ich Mutter besuchte, ging dann die Lawine herunter. Während wir flohen, fiel mir ein, dass Mutter euch hier in dieser Gegend vermutete, und ich machte kehrt."

„Du warst der Verrückte, der direkt auf die Lawine zugerannt ist?", fragte Win überrascht.

„Der Verrückte?" Wanja schmunzelte. „Sehr schmeichelhaft." Dann wurde sein Blick wieder ernst. „Kommt, Jungs, wir müssen aufbrechen. Wir haben noch einen weiten Weg vor uns und ich kann schon den kalten Atem des Winters spüren."

„Des Windhas?", fragte Win. „Was soll das denn sein?"

„Das bedeutet, dass es sehr, sehr kalt wird, so kalt, dass das Wasser hart wird und Tiere sterben, wenn sie sich nicht schützen."

„Was ist denn das für ein Blödsinn? Als ob Wasser hart werden könnte ...", zischelte Wulf seinem Bruder zu.

„Kommt, folgt mir nach." Die Stimme des großen Wolfes hatte etwas an sich, das die beiden gehorchen ließ. Sie trotteten ihm hinterher, talabwärts. Wulf allerdings warf noch immer recht misstrauische Blicke auf Wanja. "Woher sollen wir wissen, dass du kein Betrüger bist?", fragte er nach einer Weile.

Win stieß seinem Bruder die Pfote in die Seite. "Hey, er ist umgekehrt, als die Lawine herabstürzte. Wanja hat sein Leben riskiert, um uns zu helfen."

"Das behauptet *er!*", erwiderte Wulf.

Wanja lächelte. "Du hast ja nicht unrecht, Wulf. Letztlich könnt ihr nicht vorher wissen, ob ihr mir vertrauen könnt. Ihr könnt es nur erfahren. Kommt, wir haben noch ein gutes Stück vor uns."

Die beiden Brüder sahen sich kurz an, dann folgten sie ihm. Stunde um Stunde liefen sie. Währenddessen fiel immer mehr von dem weißen Zeug vom Himmel und machte ihnen das Vorwärtskommen immer schwerer. Unvermittelt hielt Wanja an. "Hier machen wir Rast. Wir werden uns in den Schnee eingraben, dann haben wir es gemütlich warm. Wartet hier, ich habe unser Mittagessen gewittert." Und damit trottete er weiter.

"Gemütlich?", fragte Win entsetzt. "In diesem eiskalten, weißen äh ... Dingsbums?"

"He, da ist eine Höhle!", rief Wulf. "Warum gehen wir nicht da rein? Bestimmt ist es da viel wärmer und wir sind vor dem weißen Dingsbums geschützt."

„Auf keinen Fall", rief Wanja zurück. „Geht auf keinen Fall in die Höhle!" Dann war er hinter einem Hügel verschwunden.

„Der Typ hat doch nicht mehr alle Zähne in der Backe!", empörte sich Wulf. „Ich bleib doch nicht hier draußen und schlottere mir das Fell von den Pobacken. Ich geh jetzt in die Höhle. Kommst du mit?"

„Na klar", antwortete Win gewohnheitsmäßig. Aber insgeheim fragte er sich, ob es so klug war, immer auf den dreieinhalb Minuten älteren Bruder zu hören.

Es war ziemlich dunkel in der Höhle und es roch ein bisschen komisch. Aber es war wärmer, und so trotteten die beiden tiefer hinein.

„Ist doch prima hier", sagte Wulf. „Der Kerl wollte uns bloß auf die Pfote nehmen."

Win antwortete nicht. Stattdessen war ein tiefes Knurren zu hören.

„Meine Güte", plapperte Wulf weiter. „Dein Magen knurrt ja so laut wie Onkel Wolfgang, wenn man ihm seinen Lieblingsknochen geklaut hat."

„Du, Wulf ...", sagte Win und klang ein wenig nervös. „Ich ..."

„Hey", unterbrach ihn Wulf begeistert. „Dieser Felsen hier ist ja ganz weich, richtig kuschelig. Wahrscheinlich ist er mit Moos bewachsen."

Ein noch lauteres Knurren ertönte.

„Jetzt übertreibst du aber", meinte Wulf.

„Das war ich nicht", antwortete Win.

„Oh", sagten die beiden wie aus einem Maul und im nächsten Moment riefen sie: „Nichts wie weg hier!"

Win und Wulf pesten los, und der Bär, den sie gerade in seinem beginnenden Winterschlaf gestört hatten, raste mit heiserem Brüllen hinterher.

„Hilfe!", schrie Win.

„Mama!", kreischte Wulf.

Der Bär war so dicht hinter ihnen, dass er sie beinahe erwischt hätte, wenn nicht in diesem Moment Wanja aufgetaucht wäre. Der große Wolf ließ die Wasserratte fallen, die er gefangen hatte, und stürzte sich mit gebleckten Zähnen auf den riesigen Bären.

„Lauft!", schrie er seinen Brüdern zu, und die leisteten seiner Aufforderung dieses Mal ohne Widerworte Folge. Ohne sich umzusehen spurteten sie den Pfad ins Tal hinab, so schnell sie konnten. Erst als sie so aus der Puste waren, dass ihre heraushängenden

Zungen beinahe über die Erde schlabberten, machten sie halt.

Sie gaben es nicht gerne zu, doch sie waren sehr erleichtert, als Wanja ihnen ein wenig zerzaust, aber offensichtlich unverletzt, entgegenkam.

„Wie hast du das geschafft?", fragte Win.

„Die Wasserratte sah leckerer aus als ich", erwiderte Wanja. Dann meinte er ernst: „Euch ist klar, dass die Sache sehr knapp war? Ein wütender Bär ist sehr gefährlich."

„Ja!" Die beiden nickten schuldbewusst.

„Dann lasst uns weitergehen."

Eine ganze Weile waren die drei unterwegs. Beinahe hatten sich die beiden Jungwölfe schon an das ständige Magenknurren gewöhnt. Doch irgendwann hielt Wulf plötzlich an und hob witternd die Schnauze in die Luft: „Köstlich!", rief er und verschluckte sich beinahe an der Spucke, die ihm auf einmal im Maul zusammenlief. „Ich rieche Fleisch!"

„Das sind Nierchen", sagte Win entzückt. „Lammnierchen!"

Die beiden starteten voll durch. Wulf war einen Tick schneller als sein Bruder.

„Halt!", rief Wanja hinter ihnen. „Bleibt stehen …!"

Doch Wulf rannte noch schneller. „Ich hab die Beute zuerst gerochen, also bin ich auch zuerst dran!", keuchte er.

Da, direkt vor ihm lagen die köstlich duftenden Nierchen, umgeben von einem hübschen, silbernen Zierrand.

„Halt!", rief Wanja erneut von hinten. „Das ist eine …"

„Erster!", rief Wulf triumphierend und schlug besitzergreifend seine Pfote auf die Nierchen.

Im selben Moment, als Wanja „Falle!" rief, jaulte Wulf erschrocken und schmerzerfüllt auf. Es fühlte sich an, als wäre ein hungriger Monstermaulwurf aus der Erde hervorgeschossen und hätte kräftig zugebissen. Als der junge Wolf nach unten blickte, stellte er fest, dass der hübsche silberne Zierrand zugeschnappt war. Wulf war gefangen! Hektisch zerrte er an dem glänzenden Ding, doch es packte immer fester zu. Vor Schmerz traten ihm die Tränen in die Augen.

Entsetzt starrte ihn sein jüngerer Bruder an.

„Nicht ziehen!", befahl Wanja, als er mit schlitternden Pfoten neben den beiden zum Stehen kam. „Das macht es nur schlimmer!" Mit besorgter Miene trat der große Wolf dicht an das Schnappding heran.

„Was ist das?", fragte Win besorgt.

„Dein Bruder ist in eine Falle getappt."

„Das ist eine Falle?", fragte Win. „Aber sie sieht so harmlos aus ..."

„Das ist ja das Fiese an einer Falle", sagte Wanja. „Nicht bewegen, Wulf, ich muss mir das erst einmal genau ansehen."

„Ich hätte nichts dagegen, wenn du dich beeilen würdest", jammerte Wulf. „Egal, wie das Ding aussieht, es fühlt sich ganz und gar nicht harmlos an!"

Win lief nervös und ängstlich auf und ab. „Was sollen wir denn bloß machen?"

„Es gibt nur eine Möglichkeit, aus der Falle herauszukommen", erklärte Wanja schließlich.

„Du beißt den silbernen Ring durch?", mutmaßte Wulf.

„Wir ziehen alle zusammen an Wulfs Bein?", schlug Win vor.

„Nein, Wulf muss seine Pfote tiefer in die Falle hineindrücken."

„Haha, guter Witz, wirklich sehr komisch", knurrte Wulf. „Ich hab ja kapiert, dass ich Mist gebaut habe. Aber deswegen brauchst du dich nicht über mich lustig zu machen!"

„Das ist kein Scherz", erwiderte Wanja. „Es ist die einzige Möglichkeit. Du musst mir vertrauen!"

Wulf zeigte ein schmerzverzerrtes Grinsen. „Tiefer hineindrücken, ja?"

Wanja nickte.

„Au Backe, ich bin echt ein Riesentrottel, was habe ich mir da nur eingebrockt?" Mit zusammengebissenen Zähnen und vor Schmerz keuchend drückte Wulf seine Pfote tiefer in die Falle hinein.

„Stärker!", sagte Wanja.

Zähneknirschend gehorchte Wulf.

Und tatsächlich, der Mechanismus bewegte sich, der silberne Rand klappte auf und mit Wanjas Hilfe konnte der junge Wolf seine Pfote befreien.

Der erfahrene Wolf untersuchte die Wunde und meinte schließlich: „Es ist nichts gebrochen. Deine Pfote wird zwar wehtun, aber du kannst laufen." Ernst sah er die beiden an. „Jungs, so funktioniert das nicht. Hier wimmelt es vor versteckten Gefahren. Wenn ihr sicher nach Hause kommen wollt, müsst ihr mir vertrauen und das tun, was ich sage!"

„Okay." Win und Wulf nickten.

Dann trotteten sie ihm hinterher. Wulf hinkte. Jeder Schritt tat weh, aber er beschwerte sich nicht.

Es war schon später Abend, als sie einen großen See erreichten. Ein Teil der Lawine war bis hierher gerollt und erst im Wasser endgültig zum Stehen gekommen. Der Mond ging auf und in der Ferne konnte man einen Wolf heulen hören.

„Dort drüben lagert euer Rudel", sagte Wanja. „Morgen werden wir zu den anderen stoßen."

Die beiden Jungwölfe sahen einander verdutzt an. Schließlich meinte Win vorsichtig: „Ich möchte ja ungern die fröhliche Stimmung trüben, aber wie soll das funktionieren? Der See ist hier viel zu breit. Da können wir niemals durchschwimmen."

„Das stimmt", erwiderte Wanja, „deshalb werden wir auch drüberlaufen."

„Ach so", sagte Win verdattert und starrte dann fragend Wulf an.

Dieser zuckte nur mit den Achseln. „Ich sag bestimmt nichts mehr."

Wanja lächelte und meinte dann: „Heute Nacht wird es sehr kalt werden. Leider hat es hier weiter unten kaum geschneit, sodass

wir uns nicht eingraben können. Kommt, wir lagern in der Mulde dort drüben und schlafen. Morgen früh sehen wir weiter."

Die beiden Jungwölfe warfen sich einen langen, fragenden Blick zu und folgten ihm dann schweigend.

Noch vor Sonnenaufgang erwachten Wulf und Win am nächsten Morgen vom Klappern ihrer eigenen Zähne. In der Nacht war es so bitterkalt geworden, dass sich Raureif auf ihrem Fell gebildet hatte. Hätten sich die drei Wölfe nicht gegenseitig gewärmt, wären sie wohl zu gefrorenem Wolfsschnitzel erstarrt.

Bei dem Gedanken an das eiskalte Wasser des Sees hätte Win sich am liebsten noch tiefer in die Mulde verkrochen. Aber diese Möglichkeit gab es leider nicht. Wanja reckte sich gähnend. Und die beiden Brüder erhoben sich ebenfalls mit verkrampften Muskeln und knirschenden Gelenken.

In diesem Moment begann das weiße Dingsbums wieder in dicken Flocken vom Himmel zu fallen.

„Na, Jungs, gut geschlafen?", fragte Wanja.

„S-s-super! W-w-war echt g-g-gemütlich", erwiderte Wulf mit klappernden Zähnen.

Wanja schmunzelte: „Na dann, ab nach Hause. Folgt mir!"

„D-d-der w-w-willdochnich w-w-wirklich ins W-w-wasser, oder?", knurrte Win seinem Bruder zu.

Die beiden warteten darauf, dass er in die eiskalten Fluten platschte, aber nichts dergleichen geschah. Er lief einfach weiter.

„Ach d-d-du Riesenlammköttel", staunte Win.

Doch Wulf meinte nur: „Er hat's doch g-g-gesagt", und folgte Wanja.

Zögernd lief nun auch Win hinterher. Tatsächlich, das Wasser war hart geworden – und ziemlich glatt. Halb laufend, halb schlitternd gelangten sie auf die andere Seite. Und dann rannten die beiden um die Wette auf den Lagerplatz ihres Rudels zu.

Sie freuten sich wie kleine Welpen, als sie ihre Mutter sahen, und ließen sogar zu, dass sie ihnen zur Begrüßung das Fell leckte. „Da seid ihr ja, ihr beiden! Wo habt ihr nur gesteckt? Wir haben uns schon große Sorgen gemacht."

„Wanja hat uns hergebracht", erwiderte Wulf.

„Wanja?", fragte seine Mutter. „Aber ich dachte, der ist längst zu seinem Rudel zurückgekehrt."

„Nee", sagte Wulf. „Er hat uns hergebracht. Er müsste gleich dort drüben ... Nanu, wo ist er denn?" Verwundert bemerkte Wulf, dass der große Wolf nicht mehr zu sehen war.

„Er ist fort", sagte Win.

Stirnrunzelnd blickte die Wolfsmutter von einem zum anderen. Dann fragte sie: „Habt ihr schon gefrühstückt?"

Die beiden schüttelten die Köpfe.

„Mein Magen hat sich vor Hunger schon fast selbst verdaut", meinte Wulf.

Die Mutter lachte. „Kommt, ich habe euch etwas zurückgelegt."

Es gab durchgefrorenen Rehrücken zum Frühstück. Die beiden behaupteten, noch nie etwas so Köstliches gefressen zu haben. Als sie endlich satt waren, sagte ihre Mutter: „Kommt, es hat schon ordentlich geschneit. Wir buddeln uns ein Loch in die Schneedecke und rücken dicht aneinander. Ihr werdet sehen, das wird richtig gemütlich."

Und das war es auch. Satt und glücklich kuschelten die beiden sich an ihre Mutter. „Siehst du", meinte Win, „selbst mit dem gemütlichen weißen Dingsbums hatte Wanja recht."

Wulf nickte. Dann sagte er: „Ich bin froh, dass wir ihn getroffen haben."

„So, Jungs, versucht gar nicht erst, euch zu drücken. Ich will alles wissen", brummte ihre Mutter gutmütig. „Wie habt ihr Wanja getroffen? Und was genau ist passiert?"

Gemeinsam berichteten die zwei Brüder ihr von ihren Abenteuern, von weißem Dingsbums, knurrendem Moos und dem bissigen hübschen Zierrand.

> Als Jesus auf der Erde lebte, gab es viele Leute, die von ihm lernen und mit ihm zusammen sein wollten. Aber sie wollten dabei nach ihren eigenen Vorstellungen vorgehen und waren deshalb ziemlich verwundert oder sogar verärgert, wenn Jesus etwas ganz anderes von ihnen verlangte.
>
> Immer wieder musste Jesus ihnen erklären: „Leute, so funktioniert das nicht. Wenn ihr mir wirklich nachfolgen und verstehen wollt, wie Gott ist, dann müsst ihr mir auch vertrauen. Nur wenn ihr das ernst nehmt, was ich sage, werdet ihr begreifen, worauf es in Gottes Welt ankommt.
>
> Nach Lukas 9,57–62

⇢ Tierisch witzig.

Thomas Franke:

Warum es besser war, dass Pogo nicht fliegen konnte
12 tierische Kurzgeschichten.

Gebunden, 128 Seiten
Bestell-Nr. 816 307
ISBN: 9-783-86591-307-4

„Ich bin der dämlichste Pinguin der Welt", schießt es Pogo durch den Kopf, als er, wild mit den Flügeln herumfuchtelnd, die hohe Klippe hinab auf das tosende Meer zusaust. In Gedanken sieht er sich schon als Pinguin-Bulette enden. Doch glücklicherweise gibt es da ja noch Albert, den Albatros. Und wer hätte gedacht, dass ausgerechnet ein räuberisches Frettchen dafür sorgt, dass am Ende alles gut ausgeht?

Dieses und elf weitere tierische Abenteuer könnt ihr in diesem Buch nachlesen. Da sind zum Beispiel zwei modebewusste Lemminge, ein paar sportliche Weberknechte, ein hängender Hamster, fiese Flöhe und ein Lachs auf der Suche nach dem Meer. Und das Beste: Jedes Kapitel hat einen Bezug zu einer biblischen Aussage. Du wirst staunen!

Ein Buch zum Vor- und Selberlesen für Kinder von 6–10 Jahren.